真実の朝鮮史

[1868-2014]

宮脇淳子
倉山満

ビジネス社

華島条約／一八七五年当時の日本と世界／儒教的な後継者選定の欠陥／壬午事変／壬午事変後の朝鮮／甲申事変／日清戦争の原因／日本を見下しながら利用するだけだった朝鮮／閔妃の写真は偽物／露館播遷／明治四十年という節目／日露戦争へ／日韓併合までの流れ／おかしな通説その一　韓国をめぐる架空の日米対立／おかしな通説その二　南韓討伐大作戦／朝鮮統治はずっと日本の持ち出しだった／満洲についての通説の誤り／日露戦争後の国際情勢／武断政治なんてなかった／抗日の背後にソ連の工作／第二代総督長谷川好道の評価／韓国のキリスト教徒増加と欧米の韓国びいき／世界史上最も過酷？／関東大震災での「朝鮮人虐殺」

キリスト教を通じたコミンテルンの工作活動／満洲には誰が住んでいたか／「中国人」というフィクション

はじめに

宮脇淳子

倉山満さんと私は、二〇〇五年から二〇一二年まで私が非常勤講師を務めていた、国士舘大学21世紀アジア学部の非常勤講師仲間です。初めて知り合った頃は、若くて今よりずっとやせていて、まだ著書もお持ちではありませんでしたが、何にでも一家言あり、毎週、非常勤講師控室で四方山話をするのが楽しみでした。私の夫の岡田英弘の著書も、私の本も、当時入手できるものはほとんど読んでくださっていて、専門は大日本帝国憲法と日本近代史でありながら、シナ史にも軍事史にも詳しく、話が面白くて、いつも感心させられました。

倉山さんはその後、あれよあれよというちに時代の寵児になり、出す本はすべてベストセラーになるばかりか、インターネット動画でも大活躍なのは、読者のみなさんもご存じの通りです。そして、自分が主宰するネット動画に出演するよう、私にもしょっちゅうお誘いの言葉をかけられます。倉山さんは私の研究を本当によく理解してくれているので、貴方が聞き手になってくれるならと、ほとんどお断りもせず、私もおつき合いをして今日に至っています。

私が『真実の中国史［1840-1949］』に引き続き、ビジネス社から二〇一三年に刊行した『真実の満洲史［1894-1956］』は、「おわりに」で書いたように、倉山さんが質問者になってくれたおかげで、何とか形にすることができました。私はモンゴル史を含めた大陸の歴史の専門家ではありますが、満洲史は、私たちの母国である日本の近現代史でもあるから、日本の政治に疎い私には疑問点がいろいろあり、言い切る自信が持てなかった部分を、倉山さんにずいぶん助けてもらいました。

そのやり取りを見ていたビジネス社の岩谷健一さんが、満洲史に続いて、では二人で朝鮮史を対談したら、非常に面白い本ができるだろうと企画したのが本書です。

二〇一三年十月十五日から、駒込の岡田宮脇研究室で始まった、一回二時間の対談収録は、倉山塾の塾生で、実は大学の英語の非常勤講師でもある山内智恵子さんが文字起こしをしてくれましたが、その早いことには驚嘆しました。その後、二週間に一回行った対談のときには、だいたい前回の対談がすでに文字起こしされていました。

山内さんの原稿整理を終えたあとでも、計十回の対談の内容は本二冊分は優にありました。どの部分を削るかは、最終的には私の判断にまかされました。私が出した結論は、とりあえず、明治維新からあとの歴史を刊行する。それ以前の朝鮮半島の歴史は、私としてはそちらのほうが専門で、話す内容にも自信がありましたが、少し時間をずらして刊行する、ということになりました。

今回の企画は、シナ大陸からの視点と日本列島からの視点で、朝鮮半島の歴史を語るという試みでしたから、古くは百済や新羅と日本との関係から、モンゴルの高麗侵攻と日本の鎌倉時代の蒙古襲来、元明交代と李氏朝鮮の建国、秀吉の朝鮮出兵、江戸時代の倭館、朝鮮通信使、等々、あとまわしになったことはたくさんあります。この他、応仁の乱前後の日本の情勢、日本と明との関係、満洲の歴史や日本の学界の裏話など、朝鮮史とは言えないけれども、倉山さんと私が、互いに聞かせたいことを熱心に話したので、省略するには残念な内容がたくさん残っています。本書が売れたら、すぐに刊行できると思いますので、ぜひ協力してください。

倉山さんと私は、ネット動画をご覧になっている方はおわかりと思いますが、なかなかいい相棒ではないでしょうか。今回、明治維新以後、現代までの朝鮮史を語るにあたって、私一人ではとても本にはできなかったと感謝しています。倉山さんの熱意と馬力のおかげで、現代の日本人が知っておくべき筋道の通った朝鮮史が、このように面白くわかりやすい本として刊行できることになり、たいへん嬉しく思います。教えられることが多いので、自分だけの単著よりゲラ校正も楽しく、勉強になりました。

本文でも何度も言っていますが、朝鮮半島や大陸では、歴史というものについての考え方が根本から違います。言った者勝ちで、通ればいいと考える。今、中国と韓国が仲良くしようとなったとき、もっと昔から仲がよかったことにしよう、どこから仲が良かったことにしようか、そりゃあ反日抗日でしょう、という順番で、都合のいい場所に、好きなことを差し込んで、歴史をつくるのです。

日本は戦争に負けて大陸を追い出され、現地にいないから、何を言う権利もない。今は満洲も中国だから、安重根の碑を建立するにしても、満洲事変の際の韓中連合軍にしても、あんたらもちょっと加わったことにしてやろうと、中国が韓国に恩を売るという、要するにそういうレベルです。日本からどうやってお金を取るかと言ったら、中韓でうまくやって、歴史を書き換えて、日本が悪いことにすればいい。もし、日本が何か言ったら、中国と韓国はグルになって攻撃すればいい、としか考えないのですから、言いたい放題です。彼らにとってはそれが歴史で、そういうことが歴史を書くということなのです。

日本でも、たとえば江戸時代には平和になってルーツ探しが始まり、系図屋がお金をもらって系図をつくりましたが、日本の場合はみんなが物知りなので、あまりに嘘を言うとバカにされます。伝承や記録が村に残っていて、村の人間関係が続いているので、内的基準が一応ある。ところが、朝鮮とシナ大陸では、人は移動していなくなってしまいますから、何の内的基準もなく、捏造し放題です。

彼らの捏造を見破るためには、真実の歴史を知る必要があります。できるだけ多くの日本人に、真実を知っていただきたいと、心より願っております。

真実の朝鮮史［1868－2014］ 目次

第1章 日清・日露戦争と朝鮮 13

第2章 日韓併合の真実

第3章 日本の敗戦と朝鮮戦争

第4章 南北分断と日本

本文写真提供/近現代フォトライブラリー
帯写真(倉山満)撮影/城ノ下俊治

現在の朝鮮半島
中華人民共和国
延吉
白頭山
(長白山)
豆満江
(図們江)
咸鏡北道
普天
清津
恵山
集安
江界
両江道
鴨緑江
慈江道
遼東省
平安北道
咸鏡南道
丹東
新義州
咸興《ハムフン》
東倉里《トンチャンリ》
朝鮮民主主義人民共和国
平安南道
元山
平壌
南浦
黄海北道
江原道
黄海南道
開城
京畿道
春川
江陵
江華島
ソウル
鬱陵島
仁川《インチョン》
漢江
江原道
水原
黄海
忠清北道
竹島
日本海
清州
忠清南道
慶尚北道
太田
大邱
大韓民国
全州
全羅北道
慶尚南道
光州
釜山
全羅南道
日本
対馬
済州島

第1章

日清・日露戦争と朝鮮

明治初年の日朝関係

倉山　本書では、「日本史と東洋史の双方の立場から見た朝鮮」の近現代史を語りつくしたいと思います。近現代における日朝関係史は、我が国の明治維新からはじまります。

正直、江戸時代の朝鮮への扱いはぞんざいでした。新井白石などは、「今日からお前たちへの接待は簡素化する」などと一方的に通達して実行したりします。そもそも、最近まで教科書には「日本は鎖国していた時代、清とオランダとだけ交易していました」などと平気で書いていました。朝鮮を一国として数えていません。最近では「オランダ、清、朝鮮、琉球、アイヌ」と並べていますが。

しかし、維新の直後に明治新政府が挨拶に行ったら、途端に関係が険悪化します。新井白石がひどいことをしても大して怒らなかったくせに、正式な国家元首の使者が挨拶に行ったら、「皇の字、勅の字を使うとは何事か」と言って怒っています。明治六年まで何回も日本から使者が行って対等な交渉を結ぼうよと言ったらひどい対応をしたので、すべての使者が即時征韓論者になって帰ってきたほどです。

宮脇　明治六年の有名な征韓論の前に、日清修好条規の話をしなければなりません。明治四年に、日本が七世紀末に建国してから、日本天皇とシナ大陸の政権との間での初めての正式な条約である、日清修好条規が結ばれます。同年、台湾に漂着した宮古島の島民が生蕃に殺されるという事件で、琉球の話になりますね。

日清修好条規　一八七一（明治４）年九月十三日、天津で、日本と清の間で初めて結ばれた対等条約。日本側大使は大蔵卿伊達宗城、清側大使は直隷総督李鴻章。

宮古島島民遭難事件　一八七一年十月十八日、那覇港から出帆した宮古船の一隻が台湾近海で遭難。台湾山中をさまよった生存者のうちの五十四名が台湾原住民によって殺害された。日本政府は事件に対して清朝に抗議したが、原住民は「化外の民」（国家統治の及ばない者）であるという清朝からの返事があったため、日本政府は一八七四（明治７）年、台湾出兵を行った。

倉山　日本は清を相手に琉台問題と朝鮮問題を話し合っているだけです。別に朝鮮と話し合っているわけでも何でもないんです。琉球に意志がないように、朝鮮にも意志がない。

日本が模範的な国民国家だという意義を強調することは、日本の歴史学界のタブーになっていますが、日本は国民国家として振る舞い、「琉球はうちの国で、うちの国の人間が台湾で殺されたので、お前責任を持て」と言ったら、清国が「台湾は化外の地である」と言ってごまかすんです。「じゃあこっちで勝手に成敗するよ」という有名な副島種臣《そえじまたねおみ》の言質を大久保利通が使っています。

戦後になって日本の歴史学者は、「いや、化外と言ったのは台湾の殺した原住民が化外と言っただけであって、台湾に統治権を及ぼさないという意味ではない」と、向こうの肩を持つようなことを言うんです。

宮脇　今の日本人はなぜか外国の肩ばかり持ちますよね。でも、日本の明治維新のあとの国際的な振る舞いは本当に早かったですね。よほど幕末から知識を持っていて、外国の情勢や国際条約を理解した上で、それを布石にして、しっかり対応しているところがすごいと思います。

この時に、「宮古島島民は日本国の国民だ」と、イギリスが間に入った国際条約の中できちんと文献を残していることで、今の日本人は安心しすぎているんです。中国にしてみたら、力ができたら変えるのが歴史だと思っているんですよ。だから、今あの辺でキナ臭くなっているんです。

清朝が出遅れたせいで琉球を日本に取られたと今の中国は思っていて、それで満洲人をいじめます。満洲人のおかげで大きな国になったのに、そうは考えず、ただ自分たちの都合の悪いところだけを取り上げて非難する。そして、あの時に日本が先手を打って間違いなく動いたために琉球が日本になったことが、本当に悔しいわけですよ。だから今取り返そう、というのが今の中国人なんです。

倉山　日本の対応は非常に上手かったです。私は『歴史問題は解決しない』（ＰＨＰ研究所二〇一四年）で、日本は国民国家体系を上手く取り入れたけれど、清国は中華帝国の論理だけだったと書きました。所詮彼らの言う華夷秩序というのは単に威張っているだけで、ローマの万民法のような責任観念すらないんですよね。支配を及ぼす限り、ローマ皇帝は責任を持っているんですが。華夷秩序なんて、単なるプロトコルです。法ではない。

宮脇　支配者が責任を持つからこそ、ローマ法の思想が現在までちゃんと生きているんですから。プロトコルとごっちゃにするのが中国と朝鮮・韓国ですね。

朝鮮の非礼

倉山　そうした日清交渉の中で、明治六年に征韓論が起きます。明治初年から国家元首が挨拶に行って、ほかのすべての国は将軍ではなく天皇が出てこいと言っているのに、朝鮮だけが、天皇陛下の勅書を送ったら、「勅」の字に文句をつけるんです。プロトコルが通じない。そういう意味でウェストファリア体制以前の世界の人たちです。

宮脇　だって、今でも「日王」「倭王」って言うでしょう。「天皇」とは決して言わないですからね。ひどいですよね。日本はもっと怒らなければいけない。本当に失礼な人たちだって。マナーがありません。でも、そういうこともわかっていないんですよね。

倉山　余計に許せない話です。日本が甘やかすから増長するわけで。

宮脇　だから、誰かが言っていたけれども、そういうことをしたら痛い目に遭うということをわからせる必要がある。昔、日韓併合時代に書かれた、朝鮮人とどう付き合えばいいかという心得に「朝鮮人に対してはひっぱたけ」とあります。「はっきりわからせるためには対等に扱うな」って書いてあるんです。

あの人たちの人間関係には上か下かしかないので、対等に扱った途端に下に見られる。だから、いつでも見下しておけというのがあったんです。嫌ですけどね。

倉山　これは本当に切実な問題で、最近お亡くなりになられた佐藤勝巳さんが拉致問題でそれを言っていました。「対等の交渉なんて存在すると思うな」。上下関係しかないので、対等に付きあおうと言った瞬間、下に見られる。それがあの人たちだと。

宮脇　そこは中国人のほうがマシなんですよ。中国人は、日本人が本当のことを言わず、口できれい事を言いながら、足元を蹴っ飛ばすということぐらいはわかっているんです。でも、朝鮮人はそれもわからない。日本が本当は強くて、柔らかく出ているだけだということもわからないんです。

中国社会のほうがもっと厳しくて、中国人は自分の実力で生きている人たちなので、謙遜は謙遜として理解する。たとえば、日本人は「明日の試験どうしよう、ああ、私なんにも勉強してないからどうせだめよ」と言っておいて、最高点を取る優等生のような奴らだということを、中国人は知っている。だから、言葉にだまされないで、相手の実力を見て、得になるように動くんです。でも朝鮮人は、本当にそれもない。自分の頭で考えないから、言われたら言われたことから出発するんです。どんなに間違っていようが、何しようが、「そう言ったじゃないか」でおしまいなんです。

だから、そういう人を相手にするには、本当に使用人に対するように、あるいは言葉もわからない人間に対するように、小さな子どもに対するように教育するしかないというのが、戦前の日本の朝鮮人に対しての心得だったんですよ。

倉山　でも、それが本当に徹底していましたか？　現場では徹底していないから、そういうものが流通しているんでしょう。これは植民地統治として失敗だったという意味ですけど。

宮脇　そうでしょうね。いつでも心得をくり返し言わないと、日本人はすぐ忘れて、つい自分たちと同じように扱うから。今でも海外に行っていた商社員の夫人にとって、何が一番大変だったかというと、人を使うことですって。ちょっと目を離したら全部取られるから、メイドに対しては厳しく、何を買ってきていくらで、じゃあお釣りはこれだけでしょ、というのを毎日やらないと、気を許した途端に金を抜かれる。そういう文化は日本にないから、みんなそこがすごいストレスだと言いますね。考えただけで嫌でしょう。

倉山　日本人のメイドは嘘をつかないし、物を盗まないから重宝されるんですよね。

幕末以来の地政学的不安定要因

倉山　明治六年の政変では、日本国内の政府が割れて、半分がいなくなってしまいました。残った大久保と岩倉の間でも当然対立がありました。

明治六年政変　一八七三年、征韓論に端を発した明治初期の一大政変。当時の政府首脳である参議の半数と軍人、官僚約六百人が職を辞した。征韓論政変とも呼ばれる。

国内政治の感情論の話はともかくとして、対朝政策に関しては、大久保・岩倉と、西郷・板垣・江藤の違いは、実はいつ攻めこむかだけなんです。攻めるか攻めないかの話ではなく、時期と方法論だけです。もう朝鮮半島には当事者能力がなく、清のものだったり、さらにロシアが来たり、実際にイギリスだってのちに巨文島《きょぶんとう》を占領したりしている。大国に取られたら大変だからここを何とか安定化させなければというのは、もう明治どころか幕末から全員一致している話です。明治六年の段階で征韓論をやるか、時期尚早かの違いです。そのすぐあとに江華《こうか》島《とう》事件をやったじゃないかとかいう批判自体がナンセンスです。日本にとって朝鮮は、土地として絶対に安定化させなければいけませんでした。

宮脇　今だって結局同じですね。領土としての魅力はないけれど、場所が日本にとって地政学的な不安定要因というやっかいな土地です。

倉山　朝鮮半島は三十九度線で割るというのが海洋勢力と大陸勢力の双方にとって合理的なんです。三十八度線でマッカーサーが割ってしまったので、たった十分でソウルが陥落する、朝鮮戦争でも三日しか持たなかったという馬鹿な話になってしまいましたが、三十九度線にしておけば双方が納得する。今の三十八度線は、大陸勢力にとって有利な状況です。ところが、明治の初めは三十八度線などという区切りがなく、朝鮮半島全部が李朝ですから、もう対馬の向こうにいつ敵が来るかという、その危機感ですね。明治政府は、朝鮮戦争が明日起こるというのと同じような恐怖感、危機感を持っていました。列強も、朝鮮に関しては利権を求めたわけではなく、地政学的な危機感だけです。

地球儀を見てやっていた日清交渉

倉山　日本の幕末維新にあたる時期のヨーロッパは、実は大変動期です。幕末の日本にあたる時代のヨーロッパを仕切っていたのはイギリスのパーマストンでしたが、その人が死んで、ドイツ帝国が出てきて、ビスマルクが新秩序をつくっている最中です。ロシアも大改革を始めたし、イギリスも二大政党が始まる時期で、フランスはナポレオン三世の帝政が転けて第三共和政になり、ハプスブルク帝国は多民族帝国の道を選び、ヨーロッパ列強が一時的にアジアに目が行かなくなった。だから、日本は清やロシアとちょうどこの時に対等条約を結んでいます。日清交渉というのは、ちょうど瞬間的に、ヨーロッパ政治にすべての大国が地元にかかりきりで、こっちに来られない時期でした。

宮脇　おかげで日本と清朝はとりあえず対等な条約を結べたということですね。

倉山　逆に清国はよくこれを納得したものだと思います。よく意味がわかっておらず、「他の不平等条約よりはこっちのほうが有利だ」ぐらいだったんでしょうか。

宮脇　そうでしょう。日本に対しての研究なんか清朝には一切ありませんからね。中国人の悪いところは外国の研究をしないことです。対等だからいいじゃないかぐらいのところでしょう。

でも、日本のことを馬鹿にもしていましたが。

倉山　そうなんですよね。だから不思議だなあと思って。

宮脇　それは交渉に行った日本の政治家が、いろいろな意味で頭がよかったし、上手かったのだと思います。ロシアとの交渉を成功させた榎本武揚《えのもとたけあき》もそうですが、伊藤博文にしても、あちらの漢人に尊敬されたというのが強みでした。

中国人はリアリストなので、相手を値踏みするんです。シナの漢人実力者たちが日本人を値踏みした。そして、日本人が交渉相手として全然負けていない、彼らに引けを取っていないということで上手く行ったんだと思います。

今の中国人も、結局相手の覇気で物事を決めているところがあるので、大企業の偉い人も官僚も、足元を見られて上手く行かない。明治の初めは日本にたくさんの人材がいて、全然引けを取らなかったところが成功した理由でしょうね。

江華島条約

倉山　江華島条約（日朝修好条規）は、日本は朝鮮とはまともに交渉せず、清がどう出るかだけ見ています。日本の代表は西洋かぶれのチャンピオンの森有礼《もりありのり》で、向こうの総理衙門の全権主席が沈桂芬《しんけいふん》なんですが、何かこの人がひたすら「朝鮮は我々の属国だけれども、独自の内政・外交を行っているので、朝鮮のことなんか責任を負えるか」と言っている。国民国家、国際法の論理をまったく理解していません。

江華島事件　一八七五年九月二十日、朝鮮の首府漢城の北西、漢江の河口に位置する江華島付近で日本と朝鮮の間で起こった武力衝突事件。朝鮮西岸海域を測量中の日本軍艦雲揚号が、江華島の永宗島砲台と交戦した。日朝修好条規締結の契機となった。

日朝修好条規　一八七六年、日本と李氏朝鮮との間で締結された条約とそれに付随した諸協定。江華島で調印されたため江華島条約ともいう。

宮脇　清朝の末期は大臣たちが弱腰で、最後に李鴻章《りこうしょう》（一八二三〜一九〇一年）と袁世凱《えんせいがい》（一八五九〜一九一六年）だけが名前が残るのは、残りの大臣が対露交渉その他でみんな失敗して帰ってくるからです。

倉山　彭澤周『明治初期日韓清関係の研究』からまとめますと、日本は「宗主国を名乗るのなら責任を持て」と言い、清は「宗主国だけど責任は持たない」というので、日本は「じゃあ武力で解決しましょう」と。だから日本が勝てたんですよね。日本は言葉と実力と両方で勝負していて、清は戦う気がない中で、ひたすら言を左右にしているだけでした。

アヘン戦争以降、清は強制的に港は開かされているし、日清修好条規を結んで鎖国は解いています。ただし、頭の中は鎖国のままです。朝鮮も日朝修好条規で国を開き、最恵国待遇でほかの欧米にも開かれました。しかし検定教科書では「大院君がフランス・アメリカを撃退したら、アメリカは日本をけしかけて鎖国を力づくでこじ開けた」と書いています。

宮脇　嘘を言っているわけですね。つまり、日本に負けたことが許せなくて、アメリカならいいだろうと、そういう精神なんです。

倉山　でも、それでは日本が強すぎます。フランスより強いことになってしまう。さすがに日本人ならどんな愛国者でも、「それは違うと思います」と言うでしょう。

一八七五年当時の日本と世界

倉山　一八七五年は清朝末期で、イスラム教徒の反乱が続き、その他に英仏ベトナムとも揉めている時期でした。同時期の日本はというと、士族反乱が始まって二年後です。西南戦争が終わるのと、イスラム教徒の反乱が終わるのは同じ一八七七年です。

宮脇　一八六五年にコーカンド（今のウズベキスタン）から新疆に入り、天山以南のほぼ全域を征圧したヤアクーブ・ベグは、七七年に死んでいます。

倉山　西郷隆盛が死ぬのも一八七七年で同じなんですよ。

宮脇　イスラム教徒の乱が完全に平定されるのは一八七八年ですね。

倉山　清朝の動乱に比べると、日本の士族反乱がいかに子供の遊びにすぎないか、明治維新というのが中国人やヨーロッパ人から見るといかに血を流さない改革であったかがわかります。日本史だけ見ていると、ものすごい血が流れていることになりますが。

一方で、一八七五年から七八年がロシアにとって大変な年です。というのは、一八七五年、千島樺太交換条約が結ばれています。日本が大ロシアと対等条約を結んだ最初です。

つい最近まで不平等条約を押し付けられていた日本が、なぜ急に平等条約になるのか。いろいろな理由があるのですが、一つはバルカン半島のボスニア・ヘルツェゴビナで動乱が起きるのが一八七五年で、榎本武揚はもうここで条約を結んでしまおうと読んでいるんです。そこから動乱がどんどん飛び火して露土戦争になり、七八年のベルリン会議まで、ロシアはそれにかかりっきりになります。地球儀を見て外交をやっているんです。こんな小国の日本が、バルカン半島の情勢を見てロシアと交渉し、対等条約を勝ち取っているんですよ。

宮脇　いかに日本人が相手の弱みがよくわかっていたかということですね。やっぱり条約締結に持って行くには、後ろ側を見ないといけません。相手が向こうで困っているとか、どこと絡んでいるかということがあってこそのタイミングですから。

儒教的な後継者選定の欠陥

倉山　大院君《だいいんくん》は息子、のちに高宗《こうそう》になるボンボンを賢いと宣伝して朝鮮宮廷で派閥を築き、息子が本当に王様になったら自分が派閥の領袖になってしまいます。そして、攘夷だと言って求心力を高め、フランスとアメリカに勝ったということにした。そして、いざ日本に条約を押し付けられると息子の嫁に選んだ閔妃《びんひ》に派閥ができてしまい、失脚するというのがこの瞬間の状

興宣大院君

高宗

況です。

興宣大院君（一八二〇～一八九八年）　高宗の実父。一八六四年から一八七三年まで、高宗の実父として朝鮮の国政を司った。外戚の排除を目的に閔妃を高宗の王妃にするが、かえって国政から追放された。

高宗（一八五二～一九一九年）　李氏朝鮮第二十六代国王（在位：一八六三～一八九七年）。後に大韓帝国初代皇帝（在位：一八九七～一九〇七年）となる。

閔妃（一八五一～一八九五年）　李氏朝鮮の第二十六代王・高宗の妃。国王の正妃として強い権力を持ったが、縁故主義と汚職、そして義父興宣大院君との二十年以上にわたる権力闘争により政局は混乱し、乙未事変で暗殺された。

宮脇　閔妃を主人公にした『明成皇后』というドラマが韓国にありましたね。大院君はどうして自分が王様にならなかったのかしら。血筋の問題があってなれなかったのなら、なぜ息子がなれたのでしょうか。もし父親に資格がなければ、本当は息子にはもっと資格がないはずでしょう？

倉山　直系が絶えて下がいないから王位が回ってきたんです。哲宗に息子がいなかったので、大院君が自分の息子を押し込んだんです。水戸烈公と一緒です。

宮脇　なるほど。なぜ自分がならないかというと、先代と同じ輩（世代）だからということですね。儒教的な考え方です。従兄弟間では相続せず、次の世代に王位が行く。

倉山　朝鮮半島は「あの時の王に戻ってああいう政治をすればいいんだ」という見本がありません。大院君というのはこの期に及んで派閥抗争ばかり。朝鮮人も日本に無礼をされた、悔しいという、それだけなんです。何より大事なことが内輪の派閥抗争でした。

宮脇　こういう国づくりをしたいとか、自分たちのビジョンがない。大院君は一族の中から息

閔妃と言われてきたが、
別人らしい

金弘集

子の嫁を取って、それが閔妃だったわけですが。

倉山　これが生涯の宿敵になってしまった。

宮脇　最初はたいへん下手に出て舅によく仕えたけれど、自分の一族でだんだん勢力を築いていきました。だから、閔妃は悪知恵だけはあるんですよ。そして、地盤ができた途端に舅に対抗するようになりました。

壬午事変

倉山　閔妃は大院君との派閥抗争に勝って開化政策と言われるものを始めます。それまでの李氏朝鮮の軍隊はほったらかしにして、八十人ぐらいを集め、本隊ではない別技というもので別技軍というものをつくりました。この八十人を日本人顧問に指揮させ、新式訓練を施してモデル部隊にし、成功させてほかの部隊にも広げようという計画だったようです。しかし両班《ヤンバン》ではない上司の言うことを部下が聞かず、相変わらずの身分差別が持ち込まれてしまう状況でした。

一方、大院君派の金弘集《きんこうしゅう》（一八四二～一八九六年）などは穏健改革を進めて清朝を見習おうとします。壬午事変《じんごじへん》というのは、日本派対清派の代理戦争ですよね。

壬午事変　一八八二年七月二十三日、興宣大院君らの煽動を受けて、朝鮮の漢城（後のソウル）で大規模な兵士の反乱が起こり、閔妃一族の政府高官や日本人軍事顧問、日本公使館員らが殺害され、日本公使館が襲撃された。

宮脇　そうはっきり言えないのが難しいところです。日本人は、この人はどっち派だと聞くと、一生その人に忠誠を誓うように思ってしまいます。でも、朝鮮の派閥は、自分に援助してくれる人だったらすぐに乗り換えてしまうのです。今、歴史では二つの派の代理戦争というふうに説明されていますが、私はあまり信用していません。

とくに韓国が書いた教科書を読むと、悪いことは全部日本のせいにして、説明がまったく歴史的ではないので、何が起こったのか、実はあまりわかっていません。もちろん近代化するには日本に見習うしかありませんし、一八七六年に日朝修好条規が締結されてすでに交流が始まっています。ですから、閔妃は、日本の援助で日本の軍隊と同じようなものをつくって大院君に勝ちたかったというのはあったろうと思います。

大院君は、もともと非常に排外派ですから、改革する気はまったくありませんでした。閔妃がそれに少し先んじたというふうに私は思っています。

倉山　そして、新式のほうはきちんと給料が支払われるのに、旧式軍隊のほうは十三ヶ月も給料が支払われず、やっともらえたと思ったら米袋の中に砂が混じっていた。

宮脇　朝鮮は昔からそうです。途中でピンハネするわけですよ。江戸時代、今の釜山のあたりに、対馬藩が商取引のために人を派遣してつくった倭館がありましたが、一番大変だったのは、言った通りのものがあるかどうかをその場でチェックして、その場で調べて突き返さなければならなかったことだと言います。非常に高い金額を払っても、全然違うものや質の悪いものが入っていることが多かったのです。「信用して受け取ったらおしまいだ、厳しくその場で開けなさい」という指示が出ているんです。

一番上の官吏が手を抜こうと思ったというより、流通の途中で、みんなが窮しているので中身を抜いて砂や異物を混ぜたということでしょう。

倉山　それで激怒した旧軍隊が、一八八二年（明治十五年）七月二十三日に武力蜂起します。そして、反閔妃派、事大党の領袖の金弘集らが日本公使館を焼き討ちし、一旦失脚していた大院君を担ぎ出しました。女官に紛れて脱出した閔妃は、日本が頼りにならないからと、清の袁世凱を頼ります。これが壬午事変です。相手を倒すためならば一瞬にして派閥が入れ替わってしまうんです。

宮脇　一八八〇年に日本はソウルに公使館を置いています。日朝修好条規が七六年で、四年後に日本はちゃんと公使館を置いたわけです。ところが、朝鮮側が東京に置くのは八年後です。

要するに国際的な常識が身についていない。これまでソウルには清朝の人間だけはいたけれど、日本人がいるようになったというので、単に見せしめとして、わかりやすく日本を攻撃したのだと思います。

倉山 金弘集という人は十数年後になると改革派のような行動を取ったりもしていますが、この時は閔妃を倒すためにゴリゴリの守旧派と組んでいますよね。

宮脇 閔妃と大院君が争っていますが、閔妃の夫は高宗です。大院君は高宗の父親です。高宗は何をしているのでしょうね。奥さんとお父さんの争いなのに、一切出てこないというのが問題です。

倉山 閔妃と大院君が生きている時は本当に目立たないですよね。大院君の権力の基盤というのは、結局、「うちの息子は賢いんです」と広めまわったからです。それで高宗が王位につけたのに、どこがどう賢かったのか、さっぱりわかりません。

宮脇 日本は、とくに戦後は受け身の歴史しか書かず、日本から見て筋の通った歴史書を全然きちんと書いていないのがいけない。この壬午事変で日本人がずいぶん殺されたり逃げまわったりしています。

倉山 日本公使館が焼かれましたが、これは侵略されているのと同じです。

宮脇 公使以下二十八人が夜間に脱出しています。護衛を送ってくれと言ってもまったく救援隊が来ませんでした。国際法で外交官は守る義務があるのですけどね。しかたがないので夜に公使館放棄を決断して、闇に紛れて別のところに逃げ込んだら、今度はそこが攻撃されます。しかも、受け入れた向こうの役所の人間も混じって攻撃したというのですから、ほとんど韓流歴史ドラマの世界です。

多数の死傷者を出しながら、本当に命からがら仁川府を脱出し、小舟で漂流しているところを、フライングフィッシュというイギリスの測量船に救出されました。そしてほうほうの体で長崎に逃げ帰った。これが壬午事変、あるいは壬午の軍乱と言われています。

倉山　大惨事ですね。公使館を焼かれて死人が出た。これが大事なことです。日本の教科書だと、壬午事変からいきなり日本が侵略したとか、その前の征韓論以来ずっと日本は侵略しているような話になっています。

しかし、たとえば韓国大使館に日本の暴徒が乱入したら、日本の警察が自分で守るわけです。朝鮮は何もしない。これを治安維持能力と言いますが、これがないと、結局まともなお付き合いができない国だということです。はっきり言いますが、一方的に朝鮮が悪い。

日本は、軍艦五隻に陸軍一個大隊と海軍陸戦隊を乗せて、仁川から一気にソウルまで駆け上がり、居留民を保護しました。繰り返しますが、朝鮮政府が、日本の居留民を守ってくれないわけです。公使館を置いているのに、そこが襲撃されても何もしない。当事者能力がないのですから、軍隊が乗り込んで居留民保護をせざるを得ません。

その結果、済物浦《さいもっぽ》条約で日本は四条件を朝鮮に認めさせました。謝罪、責任者処罰、賠償、それから公使館警備のための軍隊駐留です。「日本は公使館警備の名目で軍隊を駐留させた、だから壬午事変は侵略だ」などとわけのわからないことを言う人もいますが、自分のところの人間を殺されているのですから当たり前です。この四点セットを全部やって初めて文明国なのです。四つ目に関しては、再発防止を相手に約束させることができれば軍隊駐留まではしなくてもよいのですが、朝鮮にまともな治安維持能力がないことが明らかになったのですから、日本の軍隊を駐留させるのは当然です。その軍隊と言っても形式的なもので、百五十人ぐらいだったのですが。

済物浦条約　一八八二年、日本と李氏朝鮮の間で締結。壬午事変での日本公使館焼き討ち事件等の事後処理の為に結ばれた。

宮脇　壬午事変が旧兵士の反乱だったと言っても、彼らが整然と反乱を起こせるわけがありません。黒幕が大院君であることは明明白白です。閔妃が逃げまわって大院君が返り咲いたのですからね。彼らが日本人を殺したのは、そうすれば閔妃が困るだろうと、閔妃が組んだ相手だから日本を攻撃したのにすぎません。閔妃がなぜ日本と組んだかといえば、大院君の後ろにシナがいたから、対抗してくれそうな後ろ盾を選んだというだけです。

倉山　結局、壬午事変、甲申事変、日清戦争と、実は日本と清は朝鮮を舞台に三回角逐しています。最後の日清戦争だけが大きな戦なのでそれが全部のように思えますが、実は前哨戦が二回あった。その一回目がこの壬午事変で、日本はひどい目に逢いましたが、何とか結果的には外交で引き分けに持ち込みました。

しかも、日本がすごいのは、この時、伊藤博文は憲法調査のためにヨーロッパに行っていて、全部井上馨が仕切っています。中心人物がいなくても代わりにやれる人がいるというのが、幕末以降の元老のすごさですね。

宮脇　そして、その人たち全員が下級武士の出身だということも日本のすごさです。朝鮮半島にはそういうレベルの人間が本当にいませんでした。

壬午事変後の朝鮮

倉山　壬午事変後、閔妃対大院君の戦いの中で清が介入し、大院君が担ぎ出されますが、閔妃のほうも清国に媚び、清国は強い閔妃と閔一族を選びます。大韓民国の教科書によると、朝清商民水陸貿易章程なるもので経済的に属国化されたと、やたらと清国の悪口が書かれています。

清国は朝鮮を自分の一部だと思い、それに対して日本は切り離そうとしているというせめぎあいの舞台（シアター）が朝鮮です。結果的に日本は取るものは取って面子は保ちますが、清国が影響力を行使し、李鴻章の側近である馬建忠《ばけんちゅう》が袁世凱の顧問として入り込みます。また、ドイツ人のメレンドルフが高宗側近になります。外国人でありながら、外務次官のような地位につけられています。

閔妃は日本に見習って改革を始めたのもつかの間、大院君派が清国と組んでひっくり返そうとして壬午事変になったのです。すると閔妃も清国に媚び、大院君派を蹴散らします。しかし、宮殿に戻ってくると、今度はロシアに色目を使う。相手は誰でもいいんです。

李鴻章

袁世凱

宮脇　つまり、言うことを聞いてくれる後ろ盾がほしいというだけです。そして、かわいそうな大院君は、親清派だったくせに清朝につかまったんですよね。

倉山　はい、大院君があまりにも信用できないというので、北京に拉致されて幽閉されてしまいました。李鴻章自ら、散々厳しい査問にかけています。大院君を担ごうとする奴がいるとまずいので、いつでもカードとして使えるように取っておこうということですね。

宮脇　壬午事変の起こった一八八二年には、清朝はすでに南のほうも怪しくなっています。このあと清仏戦争でベトナムをフランスに取られてしまうことになります。李鴻章は、とにかく朝鮮を日本に取られないように、日本よりも先に出ていかねば、という危機感を持ちます。

これを今の日本人は、その時の清が日本と同じように国民国家で清国軍が来たというふうに思ってしまいますが、全然違います。その時、李鴻章は北方にいました。すでに外資が入ってきて儲ける商人がたくさん出てきている場所です。だから、あくまでも自衛のために自分たちで軍隊をつくったのです。清朝はもう役に立たず、八旗兵（満洲兵）も役に立たない、近代化しなければいけないというので、地方で勝手に軍隊をつくっていた。その一番大きいのが李鴻章です。

政府が立派な人を政府の力で軍隊の長にするのではなく、自分の軍隊を持っていて力がありそうな人に大臣の職を渡している。日本人が想像するのとは逆なのです。

李鴻章にしてみれば南は自分の勢力圏ではないので、だから北洋軍と言うのです。

倉山　このあと、李鴻章が送り込んだ馬建忠もすぐにいなくなってしまいますが、メレンドルフも清国に図られ、すぐに失脚してしまいます。清国は、日本にもロシアにも朝鮮を渡したくないわけです。

ちなみに、高宗という国王殿下は何をしたかというと、「李鴻章様、あなたさまの情けにすがりますので我が父をお返しください、そうすれば我が朝鮮人民はすべてあなたさまの偉大さを讃えますでございましょう」という、これが国王の書く文章かという情けない手紙を書いています。しつこいですが、なぜこんな人が賢いと評判になってしまったんでしょうか。

宮脇　他にいなかったからです。朝鮮は五百年も続いてずっと王様がいるのですから、本当だったらライバルがいてもよさそうなものなのに、本当に一人もいない。

倉山　清国はまだ恭親王とか粛親王とか、結構人材がいるのですが。

甲申事変

倉山　壬午事変のあと、閔妃の政権があっという間に復活し、これが清国に媚びたと思ったら、ロシアにも色目を使ったことはさっきも言いましたが、呆れた清国が、三年間拉致していた大院君を送り返し、やっぱり閔妃対大院君の二大派閥抗争になりました。

そして一八八四年、金玉均《きんぎょくきん》（一八五一〜一八九四年）が竹添進一郎公使の協力を得て閔氏政権に対するクーデター、甲申《こうしん》事変を起こします。金玉均にしてみれば、改革派だと思っていた閔妃があっという間に清に媚び、ロシアに媚び、やっぱりまた清に媚びて、結局裏切られているわけですから。

十四項目の政綱を発表していますが、いいことを言ってはいるんです。第一に、清国に対して独立しようと。国王殿下などというみっともない名前をやめて、皇帝陛下として独立しようと。二つ目として、清国に朝貢するなどという古いことはやめよう、我々は独立国であると。そして、第三に、内閣を廃止し、税制を改め、宦官の制を廃止する。大変いいことを言っているのですが、時期に適っていない正論ほどタチの悪いものはありません。

甲申事変　一八八四年十二月四日、朝鮮で起こったクーデター。竹添進一郎在朝鮮公使など日本側の協力のもと金玉均、朴泳孝、徐載弼ら開化派が閔氏一族を殺害し、新政府樹立を宣言した。閔妃は清国に救出を要請し、清軍と日本軍の銃撃戦が行われた。竹添日本公使は日本公使館に火を放って長崎へ敗走し、クーデター派は敗退した。

宮脇　本当にそうです。社会の仕組みがまったく違うのに、日本が上手くいったのだからウチも上手くいくだろうと思っているんですよね。清朝もそうです。戊戌《ぼじゅつ》の政変でも、日本の明治維新が成功したから見習おうと思って動くんです。康有為《こうゆうい》は優秀と言われていますが、根回しもないし、いきなり皇帝と組んで本当に簡単に動いてしまっています。

倉山　日本外交史の立場から見ると、現地の公使が激情にかられて乗ってしまうんですね。竹添進一郎も結果論としては失敗していますので、褒められたものではありません。

また、宦官《かんがん》の制を廃止するというのは、宮廷の抵抗勢力全員にけんかを売るということです。いきなりこんなことを言って、できたら大成功ですが、失敗したら準備不足ということになります。

金玉均

宮脇　この金玉均は、福沢諭吉さんが本当にかわいがって大好きで、ちゃんとした人で知識人でした。しかし、階級は中人階級だったんです。朝鮮は、両班という貴族がいて、中人がいて、常人がいて、あとは奴婢がいるという、大変な階級社会でしょう。中人階級というのは、たとえ父親が両班でもお母さんが庶民だったり、奴婢だったりすると、一生そのままの階級なんです。

両班という一割以下の貴族階級は、一応官吏になるために、科挙の試験に受かったことになっていますが、だいたいボンクラだったり、ボンボンで遊んでいたりして実務能力はありません。李氏朝鮮の中頃から、実務はずっとこの中人階級がしていました。つまり、金玉均は実務階級だったわけです。

だからこそ、早く日本の明治維新のように四民平等になって、自分たちも政治に参加してものが言えるようになりたいと考えていた。しかし、朝鮮の階級社会というのは日本人の想像を絶しているんです。これを日本人は今もわかっていません。

韓国人は相手を見たら、とにかく自分より上か下かしか考えませんからね。人間関係で横並びということがあり得ないのです。だから、この金玉均が何を言おうと、成功はしないわけです。

倉山　朝鮮の階級社会は、要するにインドのカースト制とか、昔の南アフリカのアパルトヘイトの世界と一緒だと思ったほうがいいですね。

宮脇　だけれども、日本人は明治維新をやって、そのあと日本を近代化している人たちがみんな下級武士出身で、自分たちが成功して能力主義でここまで来たんだ、だから朝鮮人もそうさせてやりたいという人がどんどん出てきたわけですよ。

シナは、朝鮮ほど階級社会ではありませんが、地域別なんです。今は蔣介石が台湾に連れてきた人間を外省人、もとからの台湾の人を本省人という言い方だけが残っていますが、実際には、辛亥革命の時、すべての省が本省人と外省人を区別して、「外省人出て行け」運動をしています。それはもう完全な地方自治になってしまう。そういう意識が日本と違います。

日本人はそういうことを全然理解しないで、日本の明治維新で成功した武士たちが、ほかのアジアの人たちもみんな日本のようになったら幸せだと思ってしまった。

倉山　そういう点で、結果論として竹添は軽率だったと言われても仕方がありません。昔の南アフリカで、いきなり白人と黒人を明日から関係なく何でも一緒にできるような話にならないわけじゃないですか。それと同じことをやろうとした金玉均みたいな人を本気になって日本人が応援してしまった。日本人は、朝鮮人だって日本人と同じような人間じゃないかと思っていた。自分と他者が違うという意識があまりにも足りなかったんですよね。

竹添や金玉均は、清は清仏戦争にかかり切りだから大丈夫だろうと思っていました。ところが、意外と早く清が負けてしまって、こちらに全力を向けられる形勢になります。そうしたら閔妃様は何をやったか。ロシアに色目を使っていたくせに、今度はやっぱり清国を頼る。

壬午事変以降、日本は軍を百五十人駐留させて日本公使館を警備していました。

宮脇　ところが、清国が勝手に日本公使館警備を名乗り出て軍隊をどっと入れてきます。そして、清国軍が日本公使館に逃げ込まなかった日本人を虐殺します。

倉山　清国も千五百人いるので銃撃戦になり、日本公使館焼き討ちパート・ツーになるわけですね。さらに日本人居留民を虐殺という怖ろしいことが起きてしまっています。清国軍は日本公使館を守るはずじゃありませんでしたっけ？　李鴻章というのは、やっていることは要するに軍閥と称するヤクザですね。

宮脇　「軍閥と称するヤクザ」はその通りなんですが、シナではそもそも軍隊というのがそういうものなんです。軍隊は勝ったら何をしてもいいのが大陸の戦争ですから。「良い鉄は釘にしない、よい人間は兵隊にならない」というシナの諺《ことわざ》のとおりです。

倉山　竹添は命からがら長崎へ脱出し、金玉均や朴泳孝《ぼくえいこう》も最終的に日本へ亡命し、三日でクーデターは失敗しました。そして、清国は、閔妃が頼ってきたけれどもやっぱりロシアに色目を使っていたので、大院君をここで送り返して、派閥抗争をさせる種を蒔くわけですね。

　こうして再び、「閔妃派」対「大院君派」という闘いになるのですが、甲申事変のあと、閔妃は開化派要人の家族を片っ端から捕え、五親等以内の親戚を皆殺しにします。体中を切り刻んで皮膚をえぐり取りながら苦しめて殺すという凌遅刑《りょうちけい》に処したのです。

　閔妃は、大院君派と派閥抗争をやりながら、日本に対しては漢城条約（ソウル条約）を結んで謝罪と賠償をすることになります。

漢城条約　一八八五年一月九日、甲申政変後の講和を目的に日本と李氏朝鮮の間で締結された条約。日本側全権大使は井上馨。

壬午事変の時は四点セットだったのが、二点になったということです。再発防止はどうせ朝鮮と交渉しても無駄なので、謝ってカネをよこせという二点になった。責任者処罰を言い出すと、こちら側は金玉均を差し出す話になりかねないし、相手方の責任者は閔妃ですからどうしようもありません。

宮脇　福沢諭吉は、金玉均が日本に逃げてきたあとも、ずっと応援し続けました。ところが、本人が上海まで行って、日本の護衛もいたのに、その人が目を離した隙に宿舎で殺され、朝鮮に運んだ死体を切り刻んで五ヶ所に分けて晒《さら》されてしまいます。

それで、激怒した福沢諭吉が、時事新報の一八八五年二月に「朝鮮独立党の処刑」という記事を書きました。私が『歴史通』（二〇一二年十一月号）に書いた記事で片仮名から現代日本語の表記に直したものがあります。

「人間娑婆《しゃば》世界の地獄は朝鮮の京城に出現したり。吾輩はこの国を目して野蛮と評せんより、むしろ妖魔悪鬼《ようまあっき》の地獄国と言わんと欲するものなり。而《しこう》して、この地獄国の当局者は誰《た》ぞと尋ねるに、事大党《じだいとう》政府の官吏にしてその後見の実力を有するものは、すなわちシナ人なり。吾輩は千里遠隔の隣国におり、もとよりその国事に縁なき者なれども、この事情を聞いてただ悲哀に耐えず、今この文を草するにも涙落ちて原稿紙を潤《うるお》すを覚えざるなり」

この翌月に福沢は「脱亜論」を出しています。こういう立派な金玉均を、しかも、無謀でいろいろな失敗があったにせよ自分たちの国をよくしようと改革を志したのに、その人の一族を皆殺しにするわ、体を切り刻んでこんなふうに晒すわって、どんな野蛮な国なんだと、そういうことですよね。これが脱亜論の原因です。

ちなみに、「脱亜入欧論」は戦後に日本の変なマスコミが流行らせた言葉です。福沢諭吉は「脱亜入欧」なんて言っていません。完全な脱亜論で、シナや朝鮮と日本が同じだと思われたら日本のためにならない、我々はもう縁を切って自分たちのことを考えようという本です。いまだにそのとおりですよね。


倉山　正確に言うと、脱特亜論ですね。チャイナ、コリアだけですから。

さて、日本は朝鮮とは漢城条約で謝罪と賠償だけを約束させせました。しかし、再発防止については朝鮮と話をしてもしかたがないので、清朝との間で天津条約の交渉を行います。伊藤博文が自ら乗り出し、李鴻章との間で、かなり難航した交渉になりました。眼目は、朝鮮からの日清両軍の撤退です。

日本としては朝鮮を清から切り離して独立させることが目的ですから、自分がいなくても清国がいなければいいのです。両軍ともに軍事顧問団を派遣せず、朝鮮の自主独立に任せようと言うわけです。日本は金玉均という橋頭堡を失ったので、居座ったところで誰と組めるわけでもない。閔妃も大院君も信用できません。そして、これが日清戦争で重要になるのですが、朝鮮はどうせ揉めるだろうとお互いにわかっているんです。だから、揉めた時には出兵する、出兵前にはお互いに事前通告しましょうという約束をしたというのが、天津条約です。

天津条約　一八八五年四月、前年に朝鮮で発生した甲申政変によって緊張状態にあった日清両国が、事件の事後処理と緊張緩和のために締結した。日本側全権は伊藤博文、清国側全権は李鴻章。本条約によって日清両国は朝鮮半島から完全に撤兵し、以後出兵する時は相互に照会することを義務付けた。

宮脇　この「出兵前に事前通告」というのは非常に大事な点です。日清戦争も日本が一方的に出て行った、日本が悪いという意見が最近は多いのですが、本当に伊藤博文は素晴らしい政治家だと思います。李鴻章に対して一歩も退きませんでした。

倉山　大久保利通や伊藤博文は、いざとなったら自ら大陸に乗り込んでシナの政治家と渡り合い、最低でも引き分けに持ち込んでくるという人たちでしたね。

この間、国際情勢も大きく動いています。十九世紀というのは、イギリスという海のチャンピオンに対してロシアという陸のチャレンジャーが挑んでいます。ロシアは西から順番に、オスマン・トルコ、ペルシャ、インドの手前のアフガニスタン、そしてこの清国および朝鮮半島で、不凍港を求めてイギリスに挑んでいます。

イギリスとしては、とにかくロシアに凍らない港を渡したくないし、海に出るのを阻止したいので、自ら朝鮮の巨文島を占領します。朝鮮は世界に冠たる大英帝国に何も言えません。そして英露交渉になり、日清英露が朝鮮を舞台に話し合う中で、のちに日清戦争に突入していきます。

宮脇 イギリスは、江戸末期にロシアが対馬を占領した時も、日本に頼まれてロシア軍を追い払っています。イギリスとロシアがグレート・ゲームをやっていて、もうロシアがこの時、沿海州まで取り、念願のウラジヴォストークも取っていますが、あそこは一年の半分凍るんです。ですから、やっぱり不十分なので、今の北朝鮮、あるいは遼東半島をずっと狙っている。イギリスはそれをとりあえず抑えたいというので、アムール河から何からいろいろなところで問題がある中に朝鮮半島がある。朝鮮は一切そのことを考えませんでしたし、いまだに考えていません。自分たちがどういう場所にいたかということもわかっていないですね。

倉山 それに、当時の日本人の苦境もわからなければいけません。壬午事変の時にイギリスの測量船が逃げてくる公使を助けたとか、そういう話ばかりをつなげると、日英同盟の走りのようなものが当時からあったように思うかもしれませんが、この時のイギリス人には基本的に日本のことが視界に入っていません。イギリスにとっての東アジア政策は、基本的に清とそのオマケです。日本のことは数に入っていません。朝鮮はもっと数に入っていませんが。

日本はそういう状況を知っているので、必死になって自立しようとしました。では朝鮮はというと、まったく何もしていません。唯一自立しようとしていた金玉均や朴泳孝を徹底的に弾圧し、相も変わらず清国への忠誠心競争で閔妃と大院君が不毛な派閥抗争を繰り返していた。

宮脇 そして、清朝は結局、一八八四〜八五年の清仏戦争に負けて、フランスにベトナムを取られました。「ベトナムは朝貢国」と言いますが、この朝貢という考え方を日本の東洋史は間違って解釈しています。あれは人間関係であって、君主と君主の間の君臣関係、家来関係なのです。しかも、別に外国とだけではなく、朝貢というのは、清朝ですべての官僚がやることなんです。

今、中国は華夷秩序とか勝手にいろいろなことを言いますが、清朝時代に東アジア全体が華夷秩序になったというのは真っ赤な嘘です。本当に真面目に朝貢していたのは、朝鮮とベトナムと琉球ぐらいです。あとは、内陸はめちゃくちゃだし、ビルマも時々だし、ちゃんとした秩序ではないのです。だいたい、人治主義ですから。今の中国を見てもわかりますが、人間と人間の関係であって、土地とか、王様とか、組織とか、制度など、何もないのです。

ところがこの時、本当にフランスがベトナムを取ってしまい、清朝はひたすら朝鮮を日本に取られる前に取ろうという意識しかなくなりました。それがちょうど金玉均のクーデターの時期にぶつかったというのも運が悪かったのです。

また、朝鮮の支配階級は国民との一体感をまったく持っていません。それまでは清朝との関係だけで動いていたのが、いきなりいろいろな外国がやってきた。その中で、いかに自分たちの地位を保全するかということだけ考えて、都合よくあの外国を使い、この外国を使い、あそこがお金をくれたという気持ちで動き出すので、話が国際的な泥沼になっていったんです。

倉山　まったくその通りで、でも、今の日本を見ているようで嫌ですね。

日清戦争の原因

倉山　日清戦争は、日清代理戦争ですよね。

宮脇　もちろんそうです。しかし、その日清戦争がなぜ起こったかというと、その前に伊藤博文が李鴻章と天津条約を結んでいたからです。

倉山　朝鮮に対してもちゃんとやっています。甲申事変後の謝罪と賠償の二条件です。

警備に関しては朝鮮に当事者能力がないので日本も清も引き上げる、これが伊藤と李鴻章が北京と天津で結んだ天津条約です。何かあった時には事前通告の上で入ることで合意しました。

宮脇 この甲申事変の話は先述の清仏戦争とも絡んでいます。日本はとりあえず朝鮮を緩衝地帯にしたいと思っていました。どこの国のものでもなく、清朝も入らず、ロシアも入らず、日本はウォッチするだけというのが望みでしたが、清朝のほうがどんどん変質してしまった。

フランスが清の南方のベトナムまでやってきて、「ベトナム王は清朝の家来かもしれないが、ベトナム国民はフランスのほうがいいと言っている」とむちゃくちゃなことを言い出した。自分たちに味方する現地の人間を使って傀儡政府をつくり、「こっちのほうが国民の意志だ」と言ったわけです。

清仏戦争に負けた清は、ベトナムの宗主権を放棄させられました。それで清は、朝鮮がよその国に取られる前に清朝にしてしまおうとします。要するに玉突き現象です。これが直接的に日清戦争の原因になると考えたほうがいいのです。

しかも、清仏戦争の時、台湾海峡をフランス艦隊が封鎖したので、清はそこがよその国の海にならないよう、台湾を抑えておかなければというので、台湾を省にしました。一八八五年、日本が台湾を譲り受ける十年前に台湾はやっと内地になったのです。

たった十年ですから台湾に対する行政などはまったく中途半端で、文明化もしないうちに日本の領土になりました。このように、清朝は南からの状況の変化にすべて後手に回ってしまった。だから、朝鮮だけは自分のところに留めておきたかったのです。

清朝が朝鮮にだけは素早い対応ができたのは、朝鮮を管轄する地方の自衛軍の対応が速かったからでした。当時の清朝は、地方ごとに管轄が違い、言葉も違いました。それぞれの地方の人たちが自衛軍をつくり、国家の軍が弱くなっていました。朝鮮半島は李鴻章の管轄だったので、朝鮮王を無視して自分が朝鮮王のように振る舞います。袁世凱もまったく主人のように朝鮮半島に乗り込んできました。この二人が朝鮮を自分たちの属国のようにするのに対して、日本がストップをかけたのが日清戦争です。つまり、日清戦争というのは、実は、日本と清の戦争というよりも、日本と北洋艦隊、日本と李鴻章や袁世凱の派閥との戦争、つまり、日本と一地方の戦争だと考えたほうがいいでしょう。

日清戦争　一八九四（明治27）年七月から一八九五年（明治28）年三月にかけて行われた大日本帝国と大清国の戦争。主に朝鮮半島（李氏朝鮮）をめぐって争われた。

清朝の宮廷や政府は南方に対しては熱心ではありません。「西太后《せいたいごう》（一八三五～一九〇八年）が頤和園《いわえん》のために費用を使い、李鴻章や袁世凱にお金を出さなかったのが日清戦争に負けた理由だ」という説がありますが、どこまで本当かわかりません。李鴻章たちだけにお金を出したら彼らが強くなってしまうからと、ほかの軍閥やほかの大臣たちが猛反対したのではないかと私は思っています。

倉山　これは中国人の研究者から聞いたのですが、中国人研究者が清朝を研究する時は誰が何民族かを当たり前の如く押さえた上で進むのだそうです。ところが、日本人は全員中国人という括りにしてしまうので、何をやっているのかまったくわからない。

宮脇　南のほうの人間にしたら、李鴻章なんか知るもんか、ですからね。勝手に日本と戦争しろ、自分たちはこっちで忙しいんだから、誰が援軍なんか送ってやるかと思っていますから。

清朝は本当に朝鮮を属国化しようとしたんです。だから大院君も連れて行ったし、まったく自分たち自身で動こうとしました。要するにそれまでの緩やかなやり方を変えたのです。それが日清戦争の原因です。日本が一方的に乗り出したのではありません。清が方針を変えて朝鮮を清にしようとし、それに対して朝鮮の支配階級は「うん」と言いました。彼らは、清の一部になっても自分たちの特権が維持できればよかった。金玉均たちは、朝鮮が清朝になるのが嫌だから日本に助けてくれと頼ったんですよ。

西太后

倉山　しかも、東学党の乱の大幹部を大院君が居候させていますよね。閔妃をいつかひっくり返してやろうと思ってそんなものを飼っている。そしていざ乱が起きて清国が介入し、日本も介入してきて、日本の力を借りて閔妃を追い払ったら、真っ先にやったことが親日派開化党の大弾圧で、日本が激怒する。こんな話ばかりです。

ヨーロッパ人は中国という塊で何かやると思っていますが、伊藤博文は日清戦争で清朝が国として固まってくることはないから、北京の手前で止めれば勝てると踏んでいます。勝負勘があるんです。伊藤はちゃんと戦争設計をしています。

日本を見下しながら利用するだけだった朝鮮

宮脇　それに、閔妃にしても大院君にしても、日本人を見下していたことは確かです。行った人たちが下級武士で階級が低いから。

倉山　その割に、大院君は泣きながら三跪九叩頭《さんききゅうこうとう》の礼をするんですよ。

宮脇　でも、腹の中では「畜生」と思っていますからね。清朝建国時、ソウルに攻め込まれて清の太宗ホンタイジに三跪九叩頭をした時と同じです。朝鮮の王たちは、その後も清朝なんか野蛮人の国だとずっと思い続けていました。清朝なんか満洲人だ、野蛮人の女直《じょちょく》だと、ペコペコしている割には馬鹿にしているんです。

倉山　日本の保守派の人がわかっていないのは、朝鮮人のアイデンティティが中華様の一の子分だということでありながら、実はいつかひっくり返してやろうと常に企んでいることです。そこをすっ飛ばしてしまう。

宮脇　朝鮮は清朝の皇帝一族を馬鹿にしているんです。田舎者の狩猟民だと。自分たちのほうが伝統的に古い儒教を守り、しかも文化が高いというわけです。実力がないから、妄想ばかりで生きているんです。実際の接触がないので思想的にどんどん膨れ上がっていく。マルキストと同じです。清朝の文明度がどんなに高くたって、「でも出身は？」と言うんです。

閔妃は、日本から来た人間は自分たちの社会なら奴隷階級だと思っているわけです。儒教では、とにかく汗を流すことは下層で、武器を持っていることも下層で、だから武士階級というのは社会の最下層です。それなのにやってきて何を偉そうなことを言う。お金はちょっと持っているかも知れないがと、ものすごく反発している。ロシアは貴族を送り込んだので、閔妃はロシアとは仲良くなるのですが。

いずれにしても、向こうの政権争いをしている人たち全員が、実は日本人を陰で馬鹿にしている。見下しているし、自分たちとしては、口先だけうまく言って使っているだけのつもりでいます。舌先三寸で出し抜くとか、反対派に対して利用するとか、そういうことしか考えていない。まったく友好も愛情も何もない。

倉山　日清戦争の頃、李完用《りかんよう》は反日派ですからね。私もこの本の準備のために、朝鮮末期の主要人物一人ひとりがどの時点でどういう態度を取っているかを追ったのですが、一貫した人間が一人もいませんでした。

李完用（一八五六〜一九二六年）　李氏朝鮮末期から大韓帝国期の政治家。日本による韓国併合に大きな働きを果たした。

宮脇　結局、日韓併合も、高宗が責任を回避して部下に丸投げして、大臣たちが「これしかないから」と言って、ただその時を何とか乗り切ろうとしただけです。本心は全然関係ないのです。その時その時を、嘘でも何でもいいから乗り切る。あとのことは考えない。

日本の教育も「朝鮮かわいそう」「日本のせいだ」という話ばかりしていますが、自分たちもそういう見方しかしません。金時鐘という有名な詩人が「不条理」と言っています。「敗戦国である日本が分断されないで、被害者である我々が分断されるのは、不条理だ」と。「あんた、自分で何もしなかったでしょ」と思うのですが。本当に被害者意識しかないというか、主体性がないなと思います。

倉山　それを言い出したら、日本も沖縄を取られ、北方領土を取られ、大日本帝国から領土が一〇分の一になりましたけどね。
ところで、金玉均も言われるほど真人間だったのかというと、どうなんでしょう。

宮脇　そもそも草の根運動のようについてくる大衆というものがいない。

倉山　朝鮮人には「作戦」という概念がありません。日本史の立場では、本当に明治の外交史の人にきちんとやってもらいたいことなのですが、大鳥圭介《おおとりけいすけ》は別として、明治初年から三浦梧《みうらご》楼《ろう》まで、現地にいる人が全員ブチ切れているんです。閔妃暗殺にしても、壬午・甲申の竹添進一郎にしても、とにかく朝鮮をひっくり返してやろうと。よほど不愉快なことばっかりだったのです。

李完用

宮脇　だって、一部の人が威張り腐っていて、あとの人はみんなひどい目に遭っていて、汚くて、それでいて日本人を見下して、人間関係はひどいし、残虐なところばかり見せられるし。全然よい社会じゃありませんからね。土地が貧しく、産業・農業共に発展していないので、普通の人たちの暮らしが立っていない。人心が荒《すさ》んでいるんです。

倉山　韓国の歴史教科書では、日清戦争について東学党の乱の話しか書いてありません。

東学党の乱　一八九四年、朝鮮で起きた農民の内乱である。関与者に東学の信者がいたことからこの名で呼ばれる。甲午《こうご》農民戦争ともいう。この処理を巡って日本と清国の対立がさらに激化した。

宮脇　本当にあの人たちは世界を見るとか、世界の中の自分たちという感覚がないですね。朝鮮・韓国は昔から世界はどうでもよくて、自分たちのことだけ。

私たちの書く朝鮮史はまっとうな話を書きましょう。

閔妃の写真は偽物

倉山　朝鮮の歴史教科書を見ると、「閔一族」という言い方をしていて、閔妃のことをあまり書いていません。殺された時しか出てこないんです。

宮脇　書けないからでしょうね。いいことがありませんから。

閔妃は有名な写真が伝わっていましたが、あれは偽物なんです。『歴史通』二〇一二年一月号で佛教大学教授の三谷憲正氏が書いておられますが、学習院大学で閔妃と言われていた写真と同じ人が違う背景で写っている写真が見つかったんです。そのほかにも、この写真と同じ絨毯や背景が写り込んでいるいろいろな人の写真が出てきました。

この背景で写っている写真は、すべて妓生か楽隊です。つまり、これらはすべて同じ民間の写真館で撮られたものだということがわかりました。閔妃の写真と言われていたものも、同じ写真館で撮った写真の背景だけを消したものです。

果たして王妃が、妓生を撮って絵葉書をつくるような写真館に出向いて写真を撮るでしょうか。あり得ません。ですから、この写真は偽物だということが明らかになったわけです。

しかも、イザベラ・バード（イギリスの女性紀行作家　一八三一〜一九〇四年）が二回王妃に会っているのですが、彼女の手記によれば、王妃は平たい髪をしていたそうです。王妃はこういうつけ髪はしないのです。そしてもう一点、イザベラ・バードは、王妃は華奢な人だったと書いています。しかし、この写真の女性はまったく華奢ではなく、むしろごつい感じです。

この二点を含めて、この写真が閔妃ではないということが証明されています。

このことがなぜ日本人にとって大事かというと、今の韓国の教科書や韓国人の主張では、この写真は、日本人の写真家が王宮の奥へ入っていって、いずれ閔妃を殺害するつもりで撮った写真だとされているからです。しかも、王宮になだれ込んだ悪漢たちが手に手にこの写真を持って首実検をしながら閔妃を見つけて殺したことになっています。

倉山　すごい話になっていますね。しかし、不思議なのは、閔妃殺害の時、閔妃一人だけを殺して、ほかの女官を一人も殺していないんですよ。

宮脇　後宮には三百人ぐらいの女性がいます。一人が衣装を交換して「私が閔妃です」と言ったら、日本人にわかるわけがありません。当時は身分の差がありますし、替え玉になれと命じられたらそうするしかなかったでしょう。しかも、以前王宮で反対派に襲われた時には閔妃は逃げおおせています。それなのに、閔妃を見たこともない日本人の男が、こんな写真を持ってどうやって閔妃を見分けられるでしょうか。

倉山　わかるはずがありませんね。朝鮮人で手引きした奴がいないわけがない。

宮脇　同じような中年の女性が同じ服を着ていたら、みんな同じに見えますよね。女官がちょっと服を取り替えたら見分けられるはずがないのに、閔妃だけを殺すことができた。ということは、閔妃の顔を知っている人間が、当然、首実検に入ったに違いないわけです。それは誰かといえば、大院君しかいません。

しかも、実際に王宮に侵入したのは、日本人が少なくて、あちらにいたゴロツキや朝鮮人が多かったらしいということも最近言われています。それはさておき、そんな写真だけで人を一人見つけて殺せるはずがないんです。ですから、これはもう朝鮮国内の、大院君と閔妃の間の権力闘争で、日本人が口車に乗ってしまったということでしょう。

倉山　のちの内務大臣の安達謙蔵は「私が実行犯です」と回顧録で自慢していますが、嘘に決まっていますね。公使の三浦梧楼というお調子者が朝鮮人の口車に乗ってしまった。

宮脇 三浦梧楼以下日本人の単独犯ではありえない。定説は何でも嘘ですね。それに、大院君が閔妃の死を大変喜んでいたらしいという裏話もあります。

倉山 なお、三浦は後に枢密顧問官として黒幕になります。

露館播遷

倉山 日清戦争で日本が勝って、清国がいなくなりました。さあ、朝鮮は何をしたでしょうか。日本派の大院君が失脚し、というより、頭にきた日本が大院君を傀儡政権の首班にするのが嫌だと幽閉して失脚させました。閔妃が返り咲きました。そして、ロシアに媚びました。もうわかりやす過ぎます。

宮脇 日本は遼東半島を三国干渉で返還させられ、そのあとロシアが来た。それで結局「ああ、ロシアのほうが強いんじゃない」「なんだ、日本ってその程度だ」というのでロシア側についたというだけの話です。

三国干渉 一八九五年四月二十三日、フランス、ドイツ帝国、ロシア帝国の三国が日本に対して行った勧告である。日本と清の間で結ばれた下関条約（日清講和条約）に基づいて日本に割譲された遼東半島を清に返還することを求めた。

倉山　そして、清への徹底的な見下しも始まるんですよね。そもそも漢民族ではないので嫌々従っていたところへ、もう負けたからいいいと。

宮脇　清朝は嫌いで、日本はもっと嫌い、今度はロシアだ、ということですね。

倉山　そして、その閔妃路線を閔妃殺害後も高宗が継いだどころか、もっとひどくなって「露《ろ》館播遷《かんはせん》」です。小村寿太郎の生涯唯一最大の失敗と言われるのですが、国王自ら国を売って外国の公使館に一年間逃げこんで引きこもるなんて、誰が予想できるでしょうか。さすがにこんなことは……ああ、でも、朝鮮史を見ていたら、モンゴルに保護される高麗とか、こういうことがよくありますからね。奴らならやりかねないですが、しかし、それを読めと言われても真人間には無理ですよね。

露館播遷　一八九六年二月十一日から一八九七年二月二十日まで李氏朝鮮第二十六代王・高宗がロシア公使館に移り、朝鮮王朝の執政をとったことを言う。

ちなみに、意外と知られていないのですが、小村は清朝でのスパイ活動が認められて外務大臣まで出世しています。アジアのことに非常に詳しいんです。

宮脇 でも、朝鮮まではわからなかったと。

倉山 頭がいい人間は、馬鹿な人間が馬鹿なことをするのを読めないということがありますから。露館播遷に予見可能性があったかどうかをちょっとお聞きしたいんですが。

宮脇 ないでしょう。元首がそんなことをするなんて、普通は考えられもしませんから。

明治四十年という節目

倉山 本書は、実は日本人批判の本です。当時の李氏朝鮮とか清朝末期を見ると、今の日本そのものですよね。

宮脇 昔あんなに立派な人たちがいたのに、本当になぜなのかと思いますね。やっぱりこれは何かの謀略か、と。

倉山 それは明治四十年という年がすごく大きくて、幕末以来の緊張がなくなり、その一番上にいる伊藤博文と山縣有朋が本気のけんかを始めてしまうんです。私の師匠の鳥海靖先生は、このケンカが本気なのか、ある一線でとどまっているのかということを今でも研究していらっしゃいます。帝国憲法史の研究者の瀧井一博氏も、やっぱり明治四十年という年が大きいということをおっしゃっています。

ポーツマス講和会議後の元老と政府と軍の首脳全員がロシアの復讐戦を恐れているんです。朝鮮だけでは不安だから南満洲まで取って、ここで守らなければいけないという危機感があります。ところが二年後の明治四十年に日英同盟と露仏同盟がくっついて四国協商になり、この年は「協商の年」と言われます。ロシアの目がバルカンに行ってくれたので、十年間は復讐戦を考えなくてよくなるんです。

それで安全保障上の問題がなくなったので、緊張の糸がプツンと切れてしまいます。それからは、陸軍はロシアを仮想敵にして予算をよこせ、対抗して海軍がアメリカを仮想敵にして予算をよこせと、今につながる官僚機構のセクショナリズムの暴走が始まります。それをまとめる伊藤と山縣がそれぞれについてけんかして、漁夫の利で勝ってしまったのが政友会を率いる原敬なんです。

宮脇　わかります。とにかく日露戦争のあとでいろいろなことが一気にどんどんおかしくなるとは思っていましたが、一九〇七年なんですね。

倉山　そうです。その年がとても大きい年です。帝国憲法の条文はそのままで、運用を変えていくことによって事実上改正していくような動きが出てきます。シビリアン・コントロールをきっちりしようという伊藤と、もっと統帥権を独立的にさせよう、政党政治家に軍事をいじらせてはいかんという山縣の路線があり、対立します。それぞれに正論なのですが。

宮脇 順境ほど人間にとって怖いものはありません。逆境で頑張って、まだいけない、まだいけないと、それこそ司馬遼太郎の言うように「坂の上の雲」の間はいいけれど、それが一切なくなった中でもちゃんとやっていくということは、人間にとって非常に克己心が要ることなんですよね。

倉山 ひとことで言うと、尚武の気風が失われる。平和ボケしてしまうんです。みんな昭和二十年八月十五日から敗戦日本が始まったと思っていますが、負けるような原因があるんですよ。それが明治四十年の平和ボケから始まっています。

一方で民主化を急いでやりすぎて昭和初期に大失敗します。日露戦争に勝ったので日本もデモクラシーをやろうというので、大正政変になってしまうんです。そして、大正政変は、みんな忘れていますが、実は朝鮮問題でした。二個師団増設するかどうか、朝鮮半島をたった二万人で守れるかと、そこから始まっているんですよね。

宮脇 日本の政策の誤りはすべて朝鮮半島の問題です。日本でなら上手く行ったことでも、相手が朝鮮なのでぜんぶ的が外れて話が違っていく。ぜんぶ結果がずれていって、そのせいで大陸に出て行く破目になる。

倉山　自由民権運動の連中が、おかしい。「朝鮮人が戦争に勝ったらこうなるだろう」みたいな調子で乗りまくりで、その系譜がアジア主義者です。日本人が反省しなければいけない点がここにあります。政府の元老たちはリアリズムがわかっていますが、あぶれた連中が、「日本・朝鮮じゃなくてアジアだ」と言い出す。「長州・薩摩じゃなくて日本だ」の感覚で。アジア主義者は、右翼でもなんでもなくて、左翼なんですよ。

宮脇　そう、日本の右翼は左翼です。自分たちは違うと言っているけれど、やっていることが同じで、完全にそっくりです。自分たちが本当に何かをするわけではない人たちが、大言壮語を吐いて無責任なことを言う。

倉山　当時の朝日新聞なんか、すごいですからね。「朝鮮を取るのは当然だ、政府は弱腰だ」と。

一方、朝鮮は義兵闘争を三千五百回もやっていて一回も勝っていない。日本はたかだか二万人で朝鮮半島を全部守っていたのに、負けた自分たちを反省しろよという話になってしまいます。本当に一回も勝っていないですからね。

宮脇　あの人たちには反省ということがないから。

倉山　負けた反省がないですものね。

我が国も自己反省すると、日清戦争の時もそうなのですが、自由民権の人たちがとにかく対外強硬論を煽りまくるんです。日清戦争の時は、伊藤博文が元老総出内閣に枢密院議長の山縣有朋まで閣議に呼んで、衆議院の解散と日清開戦を同時に閣議決定していますが、日露戦争でもまったく同じ構図です。政友会に衆議院で楯突かれると困るので、桂太郎が話のわかる西園寺公望と「ニコポン政治」をやって「情意投合」する。政友会が利権をばら撒いてもかまわないから、どうか戦争に協力してくれと。

その利権のばら撒きかたもすごくて、桂は大陸や半島に合わせて広軌の鉄道を引きたかったのに、原は利権をばら撒きたいのでさっさと引ける狭軌でやると言います。それでは国内と海外が一致しないのですが、頼むから戦争に協力をしてくれという話になります。

宮脇　歴史に対して真摯《しんし》にならねばならないのは、日本人が道を誤ったら、それは日本人のせいだということです。日本人全員がそんなに賢くなるとは思えないので、今後もし日本がだめになったとしても、はっきり言って、私はやっぱり身から出た錆《さび》だと思います。

日露戦争へ

倉山　さて、内政だけ大正元年まですっ飛ばしてしまいましたが、朝鮮半島で露館播遷のあと何が起きたかというと、当然、日露戦争です。高宗がロシアに国を丸ごと売ってしまったので、日本はやらざるを得なくなります。そして、日本が勝ったら、今度は親日派の李完用《りかんよう》と、アメリカに媚びる連中が出てきます。

日露戦争　一九〇四（明治37）年二月八日、大日本帝国とロシア帝国との間で、朝鮮半島とロシア主権下の満洲南部を主戦場として発生した。一九〇五年九月五日に締結されたポーツマス条約により講和した。

宮脇　日本が何のために日清戦争をしたかというと、朝鮮に外国が出てこないように抑えて、清朝にも朝鮮を独立の国として認めさせるためですよね。それなのに、朝鮮の元首みずから、ロシアを呼び込んだんです。軍港はつくらせるわ、森林伐採はさせるわ。

一九〇〇年の義和団事件の時にロシアが満洲を完全に軍事占領します。一九〇二年に日英同盟が結ばれ、清とロシアは満洲還付条約を結びます。イギリスが出てきて日本と日英同盟を結んで圧力をかけたので、表向きは満洲を返す約束をするんです。

倉山　大嘘ですね。その気もないのに。

宮脇　もちろんそうです。一方、イギリスだけでなく、今度はアメリカまでが門戸開放を言い出します。ロシアは満洲から帰らなければならないけれども、その代わりに、今の北朝鮮のあたり、沿海州と陸続きのところを押さえようというので、朝鮮に手を出し始めるわけです。

倉山　満洲還付条約は露清密約と絡めて見ないといけませんね。還付条約は建前で、結局守っていませんから。まず、第一次露清密約がいわゆる李・ロバノフ協定で、一八九六年に李鴻章が満洲を売り飛ばしてしまうんですよね。

宮脇　賄賂をもらって、清朝の領土である満洲にロシアが鉄道を引いてもいいと約束しました。

倉山　そして、第二次露清密約が義和団の乱のあとでした。第一次密約の李・ロバノフ協定は、実は日米安保条約と地位協定を足したような内容なんです。まず第一条が「日本より来る侵略は……本条約の即時適用を必要とするものと認む」で日本を仮想敵としています。第二条が単独講和の禁止、そして、第三条が港湾使用、第四、五条が軍事行動の規定です。第四条は、被脅威地点へのロシア陸軍の接近と軍隊の糧食確保のために黒龍江・吉林省経由でウラジヴォストークまで鉄道を建設する。第五条は、第四条規定の鉄道を、戦時だけでなく平時にも自由に使用できる。

これでロシアは南満洲まで自由に軍を展開することが可能になりました。実質的に、満洲をロシアの勢力圏として容認していることになります。

宮脇　日露戦争の時に清は中立宣言をしますが、嘘ばっかりで、実はロシア側だったわけです。

倉山　この密約が存在して、しかも実態が伴っているから、満洲からロシア軍が撤兵しないんです。それで朝鮮と鴨緑江を越えて満洲まで行って奉天会戦になったわけなので、清が中立と言われてても話が通りませんし、朝鮮だってロシア軍を国内に入れています。中立の実態がまったく伴っていないんですから、日本がそんなものを尊重する必要は全然ありません。

宮脇　日露戦争は、アメリカとイギリスが日本にお金をいっぱい渡して、「やってくれ、ロシアを抑えろ」というので日本人は戦ったのですよね。

倉山　今のをもう少し正確に言うと、当時の英米は犬猿の仲ですから、日本が英米それぞれと仲良くしていたんです。ただし、たまたま義和団の時に英米ともロシアに頭に来てしまったので、一時的には仲がいい。

そして、ロシアがいなくなると、朝鮮は親日派とアメリカに媚びようという派に分かれます。ちなみに、アメリカに媚びようとした工作員が李承晩《りしょうばん》でした。その時のアメリカが何を考えていたかというと、桂・タフト協定で、日本がフィリピンを脅かさないのであれば台湾より北は日本の勢力圏として認め、朝鮮はもちろん日本のものでいいと。アメリカの植民地になりたかったと言う朝鮮人が多いですが、どこにもそんなことができる条件がないんですよ。。

宮脇　戦後の世界を見て、こうだったらいいなと思っているだけなんです。支配されるなら、日本よりアメリカのほうがよかったと言っているだけです。

日本人だったら、何か言えば、そのあと辻褄をつけるために真面目にいろいろなストーリーをつくりますが、それをしないのがあの人たちなんです。
　歴史の本当の流れとか因果関係に何の興味もない。ただ、こうであったらよかった、これは嫌だ、こうするべきだ、だからそれを歴史にしようと。空想と、単純な「こうしたい」という欲望で、日本の痕跡を全部消そうというだけですから、辻褄が合わなくたってそんなこと知るものかという人たちですよ。

倉山　中国も韓国も、日露戦争の話なんか、ろくすっぽ出ませんからね。反日的な記述どころか、日露戦争そのものへの記述がありません。

宮脇　「日露戦争」という名前もないですから。甲辰戦争と言って、十干十二支の年号だけなんです。

倉山　今の韓国の教科書は一応露日戦争と呼んでいますけどね。自分たちの運命に無関心すぎます。

第2章

日韓併合の真実

日韓併合までの流れ

宮脇　一九〇四年二月、日露戦争開戦直後に結ばれた日韓議定書の内容は、「一、韓国政府は日本政府の施政改善の忠告を受け入れる。二、日本は韓国皇室の安全を保証する」です。

そして、一九〇四年八月に第一次日韓協約が結ばれています。内容は、日本政府の推薦する日本人一人を財務顧問にする。外国人一人を外交顧問にする。韓国の外交は日本が担当し、施政を監察する日本人駐箚《ちゅうさつ》官を設置するというものでした。

倉山　外交的にロシアと勝手なことをするなという、その一点ですね。その代わり、慈善事業として韓国に近代経済を持ち込んでやるという話です。

宮脇　はい。それで、日露戦争が始まったのが一九〇四年二月で、翌〇五年五月に日本海海戦で日本が勝利し、七月に桂・タフト協定がアメリカとの間で結ばれています。

同年十一月が第二次日韓協約、別名韓国保護条約といいます。内容は、「一、日本の統監が韓国に駐留する。二、韓国と列国の外交は東京で行われ、韓国の在外外交機関はすべて廃止する」です。そして、まもなく初代統監の伊藤博文が京城に赴任しました。

倉山　この条約の締結時、王宮の近辺で日本が軍事演習を行っていたから無効だと韓国は主張していますね。朴正熙《ぼくせいき》も、戦後の日韓条約で、「すでに無効になっている」という表現で確認しています。当時から、無効だったかどうかは双方で解釈できるようにしてあるということですね。ちなみに、国際法的に言うと、これで第二次日韓協約を無効にするのであれば、日米和親条約も無効です。

宮脇　一九〇七年六月、韓国皇帝高宗が、ハーグで開催中の万国平和会議に密使を送って日本を非難し、列国の支持を求めるという事件を起こしました。しかし、すでに日本と協定や条約を取り交わしているイギリス、アメリカ、オランダは韓国を相手にせず、ロシアも動きませんでした。一方、高宗の背信行為に怒った韓国統監の伊藤博文はこの責任を追及し、七月に高宗を退位させました。その月に第三次日韓協約が結ばれます。

第三次日韓協約には、韓国政府は法令制定・重要行政処分・高等官吏任免に日本人統監の承認を必要とすることが盛り込まれました。ここから、日韓両国人による裁判所新設、監獄新設が行われ、日本人多数が韓国官吏に任命されるようになります。八月に韓国軍隊が解散され、抗日反対運動が起こります。

倉山　韓国軍隊といっても、そもそも正規軍ではなく、テロをやっている人たちですからね。こうして徐々に韓国を属国化していった。

宮脇　一九〇九年六月、伊藤博文は韓国統監を辞任しましたが、そのあとの十月にハルビンで安重根《あんじゅうこん》（一八七九〜一九一〇年）に暗殺されました。実は安重根のものではない弾丸が発見されたという話を『歴史通』二〇一〇年七月号で若狭和朋氏が記事にしています。つまり、角度がおかしいというのです。安重根も撃ったのですが、実際に伊藤博文が亡くなったのは、二階から狙われた弾丸だったという話です。

倉山　昔からそれを言う人はいるんですよ。

宮脇　みんなそばについていて、見ていましたしね。もちろん二階の犯人は姿を消し、伊藤を殺したのは安重根だったということになっています。

翌年五月、寺内正毅大将が韓国統監になり、八月に日本による韓国併合、朝鮮総督設置という順番です。朝鮮の外交はめちゃくちゃで、最初からあっちにつき、こっちにつき。そして日本が嫌いでした。

倉山　ロシアがいなくなったら、アメリカに媚びようとしていますからね。日本は徐々に徐々に韓国を併合していったということです。

宮脇　ただ、韓国は誰にとっても土地としての魅力はありませんでした。欧米列強にしても、そこから利益を生み出す植民地経営ができるような場所ではない。ただ、唯一ロ

安重根

シアから見れば、不凍港を手に入れられる場所ということで地の利があったんです。日本人よりはロシア人にとってのほうが利益が高かったと思います。

倉山　お互いに相手に取られちゃ困ると、ただそれだけです。

宮脇　今頃になって「あんなところ領土として魅力がなかった」と言うロシア人研究者もいるらしいですが、その頃はそうとは思っていないわけで、南下政策でいろいろなことをしています。

おかしな通説その一　韓国をめぐる架空の日米対立

倉山　『「韓国併合」１００年と日本の歴史学』という本に「韓国を巡って日本とアメリカが対立していた」と書いてあるんですよ。

宮脇　その当時？　桂・タフト協定をどうしてくれるんでしょう。

倉山　「高平・ルート協定って何でしょう。幻ですか」と言いたい。こんな研究ばっかりなんですよね。

桂・タフト協定　日露戦争中の一九〇五年七月二十九日に日本の内閣総理大臣兼臨時外務大臣の桂

太郎とアメリカ特使ウィリアム・タフト陸軍長官との間で交わされた協定。「桂・タフト覚書」とも呼ばれる。この協定では、米国は韓国における日本の支配権を確認し、日本は米国のフィリピンの支配権を確認した。

高平・ルート協定　一九〇八年十一月三十日に調印された大日本帝国とアメリカ合衆国との協定。同年十一月時点における領土の現状を公式に認定し、清の独立及び領土保全、自由貿易及び商業上の機会均等、アメリカによるハワイ王国併合とフィリピンに対する管理権の承認、満州における日本の地位の承認から成っている。

宮脇　最近刊行された『「日本の朝鮮統治」を検証する』（ジョージ・アキタ　ブランドン・パーマー　草思社　二〇一三年）はよい本で本当に感動しましたが、この六十年間、みんなずいぶんひどいことばかり言ってきたものです。誰が何をどんなふうに嘘を言ってきたか、明らかにしてくれています。今の従軍慰安婦どころではなく、最初からまったく結論ありきで、とにかく軍人が統治するからには軍国主義で、威張って悪かったに違いないとか、そういうところからしか見ていない。これまでの研究は、自分の都合のいいものだけ探す結果主義なんです。

倉山　最近の日本人と韓国人の研究者は、日米対立をことさら極端に言うことによって、朝鮮には日本の植民地になる以外の道があったかのように強調する傾向があります。

宮脇　朝鮮も中国も、今の日本もそうですが、アキタさんが言っている民族主義史観というのは、いつだって結果から歴史を書こうという精神です。現状を、何とかより長く遡《さかのぼ》って、なるべく古いところに根拠を持っていくというのがマルクス主義者の歴史観です。だから、今アメリカが強くて、今アメリカと一緒のほうが幸せだと思っている人たちは、うんと古い時代のアメリカとの関係を拾い上げようという、そういう意識で過去の出来事を見るんです。

おかしな通説その二　南韓討伐大作戦

倉山　もう一つ、「南韓討伐大作戦などというものを考えなければならないくらい朝鮮義兵闘争が激しかったのだ」と、やたらとそこを強調するんですけど、二千五百回も義兵闘争をやっていて、一回も勝っていないですよね。今の中国の暴動と一緒です。しかも、日本は朝鮮半島全部を二万人で守っています。

宮脇　つまり、言うほどのものはなかったということです。現状から遡って都合のいい根っこを探しても本当の真実は見えなくて、その当時に立ってみたら日本の統治のほうがいいと思っている人たちが、全体の割合からすると相当いたということなんですよ。反乱はあったかもしれませんが、その人数の割合やニーズをちゃんと見るべきです。

倉山　『韓国近現代の歴史』（韓哲昊他　明石書店　二〇〇九年）では、一万六千人の死者、一九〇七年八月から九年末の間に三万六千人の負傷者が出たと書いてありますけれども。

宮脇　全然本当じゃありません。

倉山　「それだけ治安が悪かった」で終了です。闘争と言いますが、単なる犯罪です。この本では「戦闘の規模からしても、まさに戦争と呼ばれ得るものであった」とありますが、戦争の意味を知らないんじゃないですか。北朝鮮の歴史観に基づいて書かれている本です。

宮脇　第一、日本の駐屯部隊はそんなにいません。アメリカ大統領ウィルソンがたきつけたせいで、朝鮮全土を挙げた三・一独立運動の時ですら、死者は五百人以下でした。逮捕送検が一万二千人で、三千人が不起訴により釈放されました。六千人が起訴されて、結局、一人も死刑になっていません。有罪判決は受けていますが、死刑・無期懲役になった者も、懲役十五年以上の実刑もいません。懲役三年以上が八十名です。このジョージ・アキタの本は、こういうちゃんとしたデータをたくさん出しています。

よくもまあ、併合前に万単位の死者が出たなんて、そんな数字をヌケヌケと出すものだと思いますす。でも、韓国は本当によくいい加減な数字を出すんですよ。

『韓流時代劇と朝鮮史の真実』（扶桑社）でも言いましたが、李氏朝鮮時代の正史の『朝鮮王朝実録』を一冊本にしたものが日本で翻訳が出ていて、抄訳とも言わずに、『朝鮮王朝実録』という題で一冊にして出しているんです。まずそこで騙《だま》しているわけですよね。

しかも、日本での翻訳版の後ろには、「韓国で十五年で二百万部売れた」と書いてあるんです。韓国の人口を考えたら、二百万部なんてとんでもないでしょう。

『李朝実録』は李朝五百年分で千九百六十七巻もあるんですが、日本が行ったあとの五年間、つまり、『高宗実録』と『純宗実録』は実録に含めないんです。どうせその時期のことは日本人がいたから日本に都合よく書かれているに違いないというので、国宝から除去したと言います。すごいですね。

倉山　日本にしてみれば、日露戦争のあとで金がなくて軍隊が置けず、二万人で朝鮮半島全部を守れと言われて大変ですよね。『韓国近現代の歴史』によると、一応南韓大討伐作戦計画が実行されたことになっていますが、このあたりは全部北朝鮮の史観で書かれています。戦闘回数千四百五十二回、参加義兵数六万九千八百三十六名とか、誇大妄想です。

ということで、ものすごい数の義兵闘争をやって、軽く日本軍に鎮圧されたと、平たく言うとそういうことですね。

朝鮮統治はずっと日本の持ち出しだった

倉山　当時の韓国の人口が三千万人ぐらいです。日本からは、兵士二万のほかに官僚が行くようになりました。一九一〇年、日本人警察官が二千二百六十五人、朝鮮人の警官を含めると合計五千六百九十三人でした。総督府の官僚数が一九一三年の段階で一万四千人です。緊縮予算の中で朝鮮全土を統治せよと言われるので、日本は苦労していました。

宮脇　総督府はずっと赤字で、一九三〇年代など、毎年、当時のお金で十億円の赤字が嵩《かさ》んでいっています。インフラにいっぱい金を注ぎ込んでつくりまくっていましたしね。

倉山　全然植民地になっていない。持ち出しなんです。朝鮮にインフラをぶち込み、陸軍は数がそんなに回ってこない。海軍は海軍で八八艦隊計画を始める。そして原敬が鉄道を引きまくり、政友会がむちゃくちゃやっていました。そういう中で、朝鮮総督府はとても貧乏だった。

宮脇　そう、ずっと借金でやっていました。ひたすら日本は朝鮮に資金を投下して。

倉山　本土よりも朝鮮に投資していましたね。

宮脇　日本人官吏の給料も日本政府が出しているんです。終戦まで、小学校の先生の給料も日本が出していました。知人の話によると、親御さんとお兄さんの給料記録、出張記録、昇給記録などをソウルに探しに行っても何もなくて、戦争で焼けたのかと思ったら、全部東京にあったそうです。

日本だったら、小学校・中学校は地方政府の管轄でしょう。県ではなく、町や市ですよね。朝鮮では県に任せるということも無理だったので、初等教育から何から全部日本が面倒を見ていたということです。日本からはインフラ付きで、商売人だけでなく、鉄道、技術、工場などで働く日本人が朝鮮に行っていました。

倉山　そして、みんな忘れていますが、北の方に先に投資しているんですよね。南は農業で、北は工業地帯にしていた。

宮脇　そうです。北はとにかく気候が悪くて農業生産を改善するのは難しいので、工業開発と、満洲への足場ということもありました。

終戦時は、金日成（一九一二〜一九九四年）は北半分が自分たちのところにあり、南は工場も何もないので武器も製造できないからすぐ勝つと思っていたんです。日本のインフラは、水力発電などもほとんど北に投資していました。

倉山　南が貧しい独裁政権で、北が「地上の楽園」は言い過ぎでも、豊かだったというのは、あながち嘘ではなかったのですが、それを二十年かけて金日成が全部ぶち壊した。

宮脇　満洲だって、日本が投資していたから中国大陸で一番進んでいて豊かでした。北朝鮮には石炭や天然ガスもあり、大規模な水力発電もありました。

倉山　朝鮮半島は急速に近代化していって、日本の大正時代には、女子テニス全国大会をやっています。

宮脇　平壌なんて、夜のネオンの中、市電が走っていましたしね。南は農業地帯で、裸山になっているところはちゃんと木を植えたりしています。木を切ってまる裸になっていたのを、植林して地味を上げて。

倉山　そう、植林の習慣を教えたのは日本人なんですよね。

満洲についての通説の誤り

倉山　学界の皆さんがやたらと強調する日米対立や国際関係に関して、今の歴史学界の通説では、この時代で重要なのは、まず満洲なんです。すごく部分的な話になりますが、日露戦争のあと、日露対英米の対決になっていったと言うんですよ。

宮脇　満洲で日露対英米ですか?

倉山　日本史だけ見ていると満洲がもう世界のすべての中の最大の関心事だと思い込んでしまうのでしょうが、日本とヨーロッパとアメリカとでは優先順位が違うに決まっているんです。それなのに、日本史しかやっていない日本人が、満洲が全世界の注目のイシューだと言ってしまう。

宮脇　本当に日本史は日本の中からしか外を見ない。日本対外国というように。今でも、外交官も政治家もほとんどそうです。やっぱりそういう人には世界の広さがわからないし、実感が全然ない。自分がこうだから周りもそうだろうと思っていて、しかも、鍵と鍵穴みたいに反対側から見ることしかできない。

倉山　当たり前の話ですが、〝狂人〟ウィルソンを含めて、一九一四年まで朝鮮問題がアメリカにとって最重要問題だと思っているような大統領はいません。

宮脇　だいたい、朝鮮問題は本当に最後の最後ですからね。それが朝鮮人、韓国人にはわからないんです。

倉山　日本人もわかっていません。朝鮮・満洲なんてもう日本の縄張りなんだから、そこにちょっかいを出して本気で戦争しようなんて、テディ（ルーズベルト）もタフトも考えていないのに、日米対立をさんざん煽っているんですから。

日露戦争後の国際情勢

倉山　ロシアは、日露戦争で押し返されて東アジアでの勢力圏が確定したため、バルカン半島のほうに向くようになります。

宮脇　南満洲はもう日本に譲って放棄したわけですから、ロシアはシベリアと北満洲だけになり、ヨーロッパに勢力を傾けるようになったわけですね。

倉山　そもそも何でロシアがこちらに来たかというと、ドイツのウィルヘルム二世が、露仏同盟に挟まれたら自分が滅びるので、ロシアがバルカンに来ないように、満洲に餌を投げ与えたからです。ところが満洲で日本が押し返してしまったので、やっぱりバルカンに戻ってきてしまったということです。

　そして、一九〇七年から十年間は、日本だけが常に安全地帯にいることになります。何が起ころうと日本は滅びない状況になったんです。

なぜかというと、一九〇七年にロシアの満洲に対する復讐戦がなくなるんです。日露協商以降、日英同盟と露仏同盟が結びついて四国協商になりました。しかも、三国協商がドイツとハプスブルク帝国を包囲していました。包囲している英仏露全部と日本は結びついています。朝鮮からすると清もロシアも日本に負けたので、頼みはアメリカだと思ったところで、日本は桂・タフト協定、高平・ルート協定で全部アメリカを抑えこみます。

　朝鮮は国際政治が見えていないし、見えるはずがない。アメリカに頼ろうとしていますが、当のアメリカは実は日本を強いと認めているので、「一八九八年に米西戦争で取ったフィリピンを日本が脅かさない代わりに、日本が日清戦争で取った台湾とこれから取る朝鮮を日本が好きにするのを認める」というのが高平・ルート協定です。日米関係はかなり友好的です。

アメリカが朝鮮に介入してくる可能性はゼロです。

宮脇 そこでアジアは一応落ち着いたわけですね。こうして朝鮮は完全に日本の勢力圏になったということですね。ここからは、日本がどのように経営したかだけの話になります。

武断政治なんてなかった

宮脇 アキタの本では、武断政治はなかったとはっきり書いていますね。

倉山 「何ですか、それは」ですよね。

宮脇 武断政治というのは名前だけです。当時からすでにマルクス主義が東南アジアをも席巻していて、軍人が総督になったから武断政治だというだけの、悪口を言うための言葉です。前から言っているように、日本は江戸時代から軍人、つまり武士は文武両道で、武士は文官でもありました。シビリアン・コントロール下にあり、ちゃんと統治ができたんです。文官としての軍人の伝統は、徳川時代の遺産です。

そして、なぜ軍人さんが朝鮮に行くのかというと、まず平和と安寧のため、治安を良くすることがスタートには必要だからということだし、日本の国内政治でも武士出身の人たちが関与しているんですから、朝鮮総督も日本の軍人だったというだけのことです。もともと朝鮮は決して治安がいいわけではありませんでしたし。それだけの話です。武断政治という言葉は、統治の内容には全然依拠していない。

軍人だから軍国主義者だと言うのは、最初からとにかく結論ありきなんですよね。日本では、政治家が軍人だからと言って国民は誰も文句を言わないでしょう。立派なことをしてくれればいいので、軍人だからということで非難はしません。

朝鮮に対しても同じことをしただけなのに、朝鮮では武ということに対してものすごく評価が低くて、軍人だから人殺しをするというようなイメージしかありません。文のほうが上だと、長年の自分たちの儒教の中でしか考えないから、そういう批判をするんですよね。

軍人なんかに一番上に来られてバカにされた。内容ではなく、これだけのことです。

倉山　歴代総督のうちで初代の寺内正毅と二代目の長谷川好道は武断政治だという点については、日本国内でも当時から批判があることはあるんですが、揉め事が嫌いな日本人が言っているだけなんですよ。伊藤統監の時代から三代続けていつまで何をやっているんだと批判されながら、緊縮財政で今の自衛隊並みの悲惨な環境でやらされているわけです。今のイラクほどではないにしても、そういうゲリラみたいなことをやる奴がいるわけですよね。だから当然武力討伐が必要である。

どうしてそういう状況になるかというと、植民地を持つというのは当時ステータスだったので、日本は植民地を持ってはしゃいでいるという側面もあるんです。それで、日本人が朝鮮人の上だ、みたいな感覚が一つある。

もう一方で、植民地にすると言いつつ、日本人にしようという同化政策があり、これが植民地化とは整合性がないわけです。文治政策への転換というのは、朝鮮人というのは大和民族とは違う民族だと認めて大和民族中心の大日本帝国の中の朝鮮民族として扱い、広範な自治を将来的には与える方法でよかろう、というものなんです。

朝鮮総督は最初は軍人職ですが、のちに総督府令で文官職に変えています。

総督が文官職に変えられたあとも結局生粋の文官でなった人はいませんでした。韓国の近代史の教科書では全員軍人だったと書いていますが、正確に言えば二回目の齋藤実は予備役なので軍人ではありません。韓国の人は多分そのあたりをわかっていないと思います。さすがに日本人研究者はわかっていますし、明石書店も注釈を入れていますが。

なぜ陸海軍の軍人か予備役しか総督になっていないかと言うと、総理大臣見習いポストなんです。軍の中で将来総理に育てたい人を朝鮮総督として送り込む。普通の一国と同じ場所を統治できたら総理大臣見習いとして修業を終えたことになるので、総理大臣候補として将来陸軍や海軍から出していくということです。だから、歴代総督から総理大臣になっている人がかなりいます。

宮脇　韓国のことを、それだけちゃんと重きを持って見ていたということです。

倉山　台湾でも満洲でも同じことをやっていました。超一級の人材を送っていました。

宮脇　同化政策についても、日本人並みのことを向こうが求めるんだったら同じようなことをしてもらわなきゃ困る。だから、選挙権まで将来ちゃんと同じようにするということを目的として動いていたということです。もちろん急には無理ですが、同化というのは、そういう意味で日本人並みにするということです。朝鮮語も最後まで通用していましたから、文化を奪ったということ自体が歪曲《わいきょく》です。日本人並みにしろという向こうからの要請に答えたものです。

一九四五年の終戦の時にも、日本語がわからない人がいるからということで、両国語でアナウンスしています。朝鮮の風俗も大事にしていましたし、日本人は別にそんなことに拘《かかわ》って咎《とが》めたりしていません。

国内で民族運動が激しく行われていたというのも、あとで自分たちを正当化するための嘘ですね。

ジョージ・アキタさんによると、一番上の人たちは日本人になることをとくに喜んだそうです。日露戦争以後だから、元両班とか知識人階級は、日本人になったら即世界で一番の部類に

韓国総監

初　代　**伊藤博文**（いとう・ひろぶみ　1841～1909年）　筆頭元老
在任：1906（明治39）年３月３日～1909（明治42）年６月14日

第二代　**曾禰荒助**（そね・あらすけ　1849～1910年）　元蔵相
在任：1909（明治42）年６月15日～1910（明治43）年５月30日

第三代　**寺内正毅**（てらうち・まさたけ　1852～1919年）　後に首相
在任：1910（明治43）年５月30日～1910（明治43）年10月１日

韓国総督

初　代　**寺内正毅**（てらうち・まさたけ　1852～1919年）　後に首相
在任：1910（明治43）年10月１日～1916（大正５）年10月14日

第二代　**長谷川好道**（はせがわ・よしみち　1850～1924年）　元帥、元参謀総長
在任：1916（大正５）年10月16日～1919（大正８）年８月12日

第三代、第五代　**齋藤実**（さいとう・まこと　1858～1936年）　後に首相
在任：1919（大正８）年８月13日～1927（昭和２）年12月10日
1929（昭和４）年８月17日～1931（昭和６）年６月17日

第四代　**山梨半造**（やまなし・はんぞう　1864～1944年）　後に陸相
在任：1927（昭和２）年12月10日～1929（昭和４）年８月17日

第六代　**宇垣一成**（うがき・かずしげ　1868～1956年）　後に首相候補
在任：1931（昭和６）年６月17日～1936（昭和11）年８月５日

第七代　**南次郎**（みなみ・じろう　1874～1955年）　後に陸相
在任：1936（昭和11）年８月５日～1942（昭和17）年５月29日

第八代　**小磯國昭**（こいそ・くにあき　1880～1950年）　後に首相
在任：1942（昭和17）年５月29日～1944（昭和19）年７月22日

第九代　**阿部信行**（あべ・のぶゆき　1875～1953年）　元首相
在任：1944（昭和19）年７月24日～1945（昭和20）年９月28日

入れるわけですから。下層の人たちも教育は受けられるし、ちゃんとした保障ができるので喜んだとあります。日本の統治下ではあの長い間に餓死がなかった。

アフリカとか東南アジアとか、だいたい植民地はみんなひどい略奪を受けて、インドでもどこでも餓死者が多かったですよね。中国大陸でも餓死しています。ところが、その間、朝鮮では餓死がない。

倉山　アキタさんの本の結論の章のタイトルで「九分通りフェアだった」と言ってますが、残り一割は何だと言いたいですね。

宮脇　「精神の問題」、「気持ち」ですって。九分、九割というのは翻訳で、原文の英語では almost fair なんです。あとがきのところに書いてありました。何で九分にするんですかね、日本語を。

倉山　誤訳ですよね。なんで九分にするのか。一割も不公平やってないぞという。「ほとんどフェア」なら意味が通じます。

抗日の背後にソ連の工作

宮脇　それで、上層と下層は喜んでいて、真ん中の一部が跳ねっ返りということなんですが、この跳ねっ返りというのは、社会主義者なんです。外国のそういう奴らに踊らされて動いたので、一九一九年からがひどいんです。

共産主義運動がものすごく入ってきて、朝鮮人は日本人ではないという民族主義を焚きつけた。その工作がそれはもうよく働いたんです。

倉山　ソ連という国ができていますからね。きっかけはウッドロー・ウィルソンという極悪人ですね。それは『嘘だらけの日米近現代史』（扶桑社）で書いたとおりで、ウィルソンが世界中のテロリストと分離独立運動論者に勇気を与えてしまったんです。朝鮮人の活動家は大はしゃぎして、よくわからない臨時政府がいっぱいできてしまった。何をやっているわけでもないんですけど、結局「政府ごっこ」をやっているのです。

宮脇　お金が来るから名乗りを挙げただけです。今だって、独立したいと言うとお金をくれる人がいます。反体制だと言っただけで外国からお金が来る。そういう動きの中に巻き込まれるんです。だから、一国だけの問題ではなくなって、世界同時共産革命の中で動く人が出てきたというふうに私は思います。

倉山　その世界同時共産革命を煽ったのもウィルソンです。結局、レーニンというのはウィルソンが生み出した鬼っ子なんです。鬼っ子というか、正統嫡子か、どっちかわからないですけど。

宮脇　さっきの一九〇七年から九年の間に多数の死傷者が出たというのは北朝鮮のでたらめな

数字ですが、併合前の反発の暴動と、一九一九年からあとの確信犯的な転覆活動は別物で、金の出処も別ですよね。

倉山　併合前のは現地ゲリラです。両班が金をやっている単なる暴動で、はっきり言って一揆の出来損ないみたいなものです。一九一九年以降は、これはもうはっきりコミンテルンです。これについては年代がちょっとあとになったら詳しくやりますが。

第二代総督長谷川好道の評価

倉山　一九一〇年にいざ併合してしまうと、結局歴代総督の中で長谷川好道一人がものすごく悪者にされていますです。通説では、第三代齋藤実が文治政治に転換した良い人で、その前の長谷川は無能な武断政治をやって朝鮮人をいじめたひどい奴だと言う。

しかし、初代の寺内が一九一〇年から一六年までやっていたあと、長谷川というのはそんなひどいことをやっていたのかというと、人口だけでもどんどん増えています。

で、それに比べて警察官はどうかと言うと、すごいですよ。一九一〇年から四四年まで警察部長、つまり県警本部長が十三人で一定です。警視の数は、日本人が三十人から九十四人に増えているのに対して、朝鮮人は十四人から九人、日本人警部は百六十七人から四百九十七人ですが、朝鮮人は百一人から八十七人。そんなに劇的に増えているなんていうことはありません。人口に合わせて推移しています。そして、憲兵隊そのものは廃止しています。

この憲兵隊を廃止したということが文治政治と言われるのですが、イラクほどは行かないまでも、僻地ではそれに近いような状況で戒厳令を敷かないだけましだった。そういう状況で憲兵がいなかったらどうするのか。

朝鮮総督府年報に基づく
日韓併合時代の人口推移

	現地人５年平均人口増加率
1911～15	4.31%
1916～20	1.20%
1921～25	1.92%
1926～30	1.23%
1931～35	1.59%
1936～40	1.61%

（1911～15年の急激な人口増加は、李朝末期の人口統計の脱漏の大きさと合わせ、当初の統計に調査漏れが多かったのではないかと推察される。）

出典：『データから見た日本統治下の台湾・朝鮮プラスフィリピン』（杉本幹夫著　龍渓書舎　1997年）

そもそも、長谷川の前の寺内だって、そんな無能な統治をしていたら総理大臣になれないじゃないですか。衆議院が同意しなかったら総理大臣になれない時代の最後の藩閥政府だったんですから。

ということで、総督にそんなにひどい人はいません。とくに、長谷川さんはそんなひどい人じゃありません。

宮脇　アキタの本では長谷川さんのことを結構褒めています。三・一運動のあと、ひどい取り締まりなんかしていないという実証的な研究が第四章にあります。逮捕者と死傷者の数がちゃんと出ています。一万二千人逮捕して、死者が五百人です。さっきも言ったように、誰も処刑されていないし、無期や長期刑もいませんでした。

世界的に民族運動というようなものが一世を風靡して、煽られて全国的にワーッと広がったのに、それでも処刑が出なかったということです。三・一運動以後、朝鮮人は朝鮮人なんだから、そんなに急いで日本人のようにするのは無理だという方針になったというのは確かですが。

この頃、東学党が天道教に改称しているんですが、その天道教に対してもずいぶん穏健です。天道教信者が三・一運動に参加し、その結果教団は重要な役割を果たすことになりました。ただし、教団自体が運動を指揮したわけではなかったので、長谷川さんは解散させませんでした。破壊活動を目論む団体として解散させる力は持っていたけれど、解散しても信者を地下に潜行させるだけで、今以上にやっかいなことになるだろうから、宗教としては認めた上で、活動を規制して建設的な方向に導くことにした。要するに、総督府は、朝鮮人を抑圧するほどの過酷な措置を講ずる意志はなかった。厳しすぎたことはやめて、民衆の考えをちゃんと聞く、そして将来のために動くということを言っているんです。

倉山　朝鮮人の特徴なんですけど、派出所とか交番を襲うんですよね。そして、朝鮮人警官をリンチしたり、日本人警官を惨殺したりする。

宮脇　それはもともとの李氏朝鮮時代に、そういう奴らが一番人民に過酷なことをしたからです。王様が派遣した税金取り立て官が、各地で賄賂を取ったり人民を撲殺したり、悪いことをずいぶんしていた。だから、目に見えるところが標的になったんです。朝鮮の人たちが、大きなところを見ず、自分たちの見えるところにいる抑圧している奴を標的にしたということです。

アキタさんの本の四章の最後に面白いことが書いてありました。一九三六年に、朝鮮人の独立に関する意識について警察関係が調査した結果が載っているんです。八％が「独立すべし」、一一％は「朝鮮にとって有利な時期に独立することを望んでいる」、三三％は「独立断念」、四八％は「どちらでもかまわない」と言っています。そのほかにも、一一％が反日的、一四％が改革を求めているというような調査をしているんですが、最後の著者の結論が面白いんです。「こういうふうに正直に回答しても身に危険は迫らない」と。

倉山　こちらの『植民地朝鮮』（趙景達編　東京堂　二〇一一年）に愼蒼宇《しんそうう》さんという人が「武断政治と三・一独立運動」という論文を書いているんですが、これが傑作なんです。この人の「武断政治」の定義というのがすごくて、まず長谷川総督が退任するまでの植民地支配のあり方が武断政治だと、長谷川さんが悪人であることが大前提になっている。そして、その特徴は憲兵警察による力の支配を前提とした徹底した同化主義政策、土地調査、農政、産業統制。

全然武断じゃないでしょ。

もう一つすごいのは、迷信を打破していったことについて、「日本は何てけしからんことをするんだ」と言っているんですよ。「迷信を打破することは文化の破壊だー！」と。そして、とどめが、三・一独立運動の時にウィルソンが救世主として朝鮮に現れてくれるので、飛行機でやってこないかなあって待っていた朝鮮人がいっぱいいた、と。

三・一独立運動は第十九、二十師団で制圧しているんですが、これは平時編成なので二万人です。総督府側の統計では死者三百六十人でした。一方、朝鮮人の朴殷植《ぼくいんしょく》という人による『朝鮮独立運動の血史』という、平凡社東洋文庫から一九七二年に出ている本によると、死亡者七千五百九名、負傷者一万五千九百六十一名、被収者、つまり捕まった人が四万六千九百四十八名。多分総督府の三百六十人というのが近いんじゃないですか。

韓国のキリスト教徒増加と欧米の韓国びいき

倉山　日本で言ったら幕末ぐらいから、朝鮮にはどんどん宣教師が入って布教しているので、当時すでにキリスト教徒がかなり増えています。今はもう六十パーセントぐらい行ったんでしたっけ？

宮脇　今でも増え続けています。儒教に対抗するのはキリスト教しかないからです。女の地位があまりに低くて何の自由もなく、儒教でがんじがらめになっている。次男以下もまったく人権がない。そういう家族制度に嫌気がさした人がキリスト教徒になるわけです。祖先がキリスト教徒じゃなかったら一緒にならずにすむ。祖先を捨てるということです。
　だから欧米は日本より韓国が好きなんですよ。それで韓国人の言う方を取り上げるんです。中国もそうです。日本では布教が成功しないので、日本に来た宣教師は全員日本が嫌いになると言います。宣教師の息子たちも、お父さんがどんなに努力しても日本人は誰もキリスト教徒にならなかったので、恨みが残ってみんな反日になるという話です。それも、明治以来延々と。
　それで彼らは欧米に帰ったら、いかに日本は悪くて中国と韓国はいいかということばかり言う。日本が悪いからキリスト教が広まらないということにする。自分たちの正当化を図るんです。その割に日本でも大学はキリスト教系が多いですね。神父さんや修道女も学生をいっぱい教えていますが、それでも日本人のキリスト教徒は増えていません。
倉山　それこそカトリックの上智とプロテスタントのＩＣＵが二大拠点ですね。ＩＣＵは占領軍がつくった大学ですが。キリスト教は一般になかなか浸透しない代わり、エリート層というか、支配階級層での比重が異様に重いです。外務省もそうです。

宮脇　そうなんですよね。そうすると、要職にあるそういう人たちが欧米の気持ちになってしまう。

倉山　韓国のカトリックについて言うと、バチカンは彼らをカトリックとほぼ認めていないような扱いです。あまりにも土着でワケがわからない、完全に独自の韓国キリスト教になっているからです。日本仏教と一緒です。東南アジアの仏教と日本仏教がまるで違う宗教になっているのと同じぐらい、わけがわからなくなっているんです。

彼らはユダヤ教徒の受難、バビロン捕囚を全部日帝三十六年に当てはめています。そういうワケのわからないことを言っている。だからウッドロー・ウィルソンがキリストになるんです。そして、旧約聖書を読めば読むほどローマに国を奪われたユダヤ人に同化してしまう。

世界史上最も過酷？

宮脇　「世界史上最も過酷な植民地支配」とかって、どこが？　って思いますよね。

倉山　世界一穏健でしょう。

宮脇　でも、要するに言葉と結論があって、途中はそれに合うところだけが正しくて。古田博司《ふるたひろし》さんによると、「じゃあデータは？」とか「書いたものは？」とか言うと、韓国人はただ怒るんですって。「韓国人を愛してないのか」って。

朝鮮人は、「歴史上最も冷酷な植民統治の下で生きた」という言葉を、繰り返すだけですよね。どこと比べて最もなのかというのを言わずに、ただひたすら主観的なんです。

アキタさんの本で紹介していた、アメリカのサンフランシスコで残酷な経験談を一所懸命探したというヒルディ・カンさんの話も面白かったです。自分には何も残酷なことをされた経験はない。だけど、残酷だと言われたんだからそうだとみんないう。

倉山　「最も」と言う人に、じゃあ二番目どこですかと聞きたい。仮に一番ひどかったとしましょう。二番目はどこなんでしょうか。「最も」と言うからには、分母はいくつだ、と。一分の一なんですもん。「過酷」というのを「ムカつく」と置き換えると、実は全部意味が通じます。だから、それがalmostの例外の部分、精神性の部分ということになるわけです。

宮脇　今回の慰安婦問題でもわかったことですが、「性奴隷」という言葉は日本の教科書が先です。あの人たちはオリジナリティがないというか、そういうことを自分で発明もしないんですよね。日本人が言ったことに飛びついて、日本人が煽ったことだけを使うという図式です。

倉山　朝鮮研究者にも二種類いるんです。一つは中国と朝鮮の両方を見ている人です。こういう人は発言権がなくて論文を書かせてもらえない。もう一つは朝鮮しか見ていない人ですが、実はこの人たちはみんなおかしくなってしまう。

韓国では、日本に留学したいとか日本語を勉強しているというだけで親日派のレッテルを貼られる。だから、デモなどでは、一番最前列に出て行かないと殺されかねない。日本組はどんなエリートでも、デモの時に最前列にいないと人間扱いされないんです。一番過激にやらないと、「あいつは日本のスパイだ」と言われる。本当に大変なんです。

関東大震災での「朝鮮人虐殺」

倉山　超重要な話で言うと、関東大震災の時の朝鮮人虐殺ってありますね。工藤美代子さんが書いているように、あれは明確にコミンテルンです。コミンテルンに踊らされた不逞鮮人が暴動を起こすんです。朝鮮人だから暴動を起こすなんて言ってない。なぜそんなデマが信じられたかという話にもなるし、実際に暴動を起こしているんですよね。暴動というより略奪ですが。

宮脇　震災の三ヶ月後、皇太子暗殺未遂事件（虎ノ門事件）というのもありました。世界中でコミンテルンは本当にすごかった。それを抜きにしては歴史を語れないけれども、それを抜きにしたのが日本の歴史教科書です。コミンテルンは全然ないことにして、悪いことも何もしていないということで書くから、めちゃくちゃに変な教科書になっている。

虎ノ門事件　一九二三（大正12）年十二月二十七日、東京の虎ノ門外において皇太子・摂政宮裕仁親王（後の昭和天皇）が社会主義者の難波大助により狙撃を受けた。大正時代、関東大震災後に頻発したテロ事件の一つで、復興を進めていた第二次山本内閣は引責による総辞職を余儀なくされた。

倉山　大正時代に東大を乗っ取っていますからね。法学部はまだ乗っ取れていませんでしたが、経済学部はすでにやられていた。森戸事件というのはそれです。

森戸事件　一九二〇（大正9）年、当時、東京帝国大学助教授だった森戸辰男は、この年、経済学部機関誌『経済学研究』にロシアの無政府主義者クロポトキンに関する「クロポトキンの社会思想の研究」を発表した。この論文が問題となり、掲載した雑誌は回収処分ののち発売禁止となった。森戸は同年、東京帝大を辞職した。

宮脇　ただ、謀略を説明するのは難しいです。謀略というのは最後まで証拠が出るわけがないから謀略なので、結果から類推したり、状況証拠で判断したり、誰が得をしたのかを指摘する以外方法はありません。それを歴史と言われたら困るけれど、「こういうことが起こって、これは誰の得になりました」ということで説明するしかない。

日本の朝鮮支配がいかに悪かったかというのは、全部戦後の歴史の書き換えでしょう。その時の世界状況に関係なく、あとでつくったものです。つまり、歴史学はイデオロギーに乗っ取られて今日あるということです。いまだに大多数が、もう面倒臭いからそっちで行こうみたいな多数決になっているんです。今を説明するために全然違う見方をして辻褄を合わせ、あとは全部間違っているというやり方で押し通しているから変なことがいっぱい出てくる。だから、変なことはないことにする。これはほとんどイデオロギーと言っていいと思います。

倉山　関東大震災の朝鮮人虐殺はそういうコミンテルンの背景があったからああなったと。別に朝鮮人だけ狙ったわけでも何でもないですからね。大杉栄も殺されているし、それはやり過ぎだろうと言う人もいたし、吉野作造暗殺計画もあって、何を考えているんだって警察の中で話になっています。虐殺している日本人犯罪者が言うことを聞かないので警官が射殺したという例もあります。

吉野作造暗殺計画　一九二三（大正12）年九月、陸軍憲兵隊は関東大震災後の混乱に乗じて無政府主義者の大杉栄ら三人を殺害した。同時期に憲兵隊は民本主義者・吉野作造の命も狙っていたと、当時、警視庁警務部長だった正力松太郎が証言している。

当時のアメリカの報道記者が、なぜこれだけの大震災で暴動一つ起きないんだと言っている記録フィルムが、ＮＨＫの例の『映像の世紀』にあります。
関東大震災で政府が壊滅しているのに、法の支配が貫徹しているんです。山本権兵衛首相の偉大さは、語り継ぐべきです。

宮脇　今だって、それこそ世界のどこかで何かあった時の略奪とか、ひどいものです。でも、当時も日本はそうではなかった。朝鮮人が大虐殺されたなんて、どういう目的で、根拠もなく、火のないところに数字の嘘を並べるのか。ここからは日本人自身が、そうやって嘘をいう人と本当のことをいう人を見分けてもらいたいものです。読者が峻別《しゅんべつ》するところまで来なくちゃいけません。何であんなに嘘を言いたいんだろう、何の目的があるんだろう、どこから指令が出ているんだろうって。

倉山　いまだにコミンテルンが健在なんじゃないでしょうか、本当に。

キリスト教を通じたコミンテルンの工作活動

倉山　ちなみに、『世界史の中の近代日韓関係』（長田彰文　慶應義塾大学出版会　二〇一三年）で一つだけいいのは、例の太平洋問題調査会（ＩＰＲ）、コミンテルンの前衛組織に言及していることです。これは例のYMCAを通じた新渡戸稲造も関わっている、最後の日米友好団体なんですが、最後はコミンテルンに乗っ取られてしまう。当然そういうエスタブリッシュメントがいるところから入っていくんですね。

新渡戸稲造のことは、みんな主流の人と思っていますが、実は当時のエスタブリッシュメントの中では反主流の人なんです。どちらかというと後藤新平系で、主流派の中の非主流と言ったらいいかな。

そういうプロテスタントが布教と称して入ってきて、キリスト教自体がコミンテルンの隠蓑でした。コミンテルンは宗教を否定しているくせに、キリスト教徒を装って入ってきて、個人レベルで砕氷船のテーゼをやる。そして、とにかく「朝鮮は独自の民族だ、日本から独立すべきだ」という浸透工作を地道にやっています。この頃の大日本帝国にそんな工作をしても効かないのですが、いざこうなってしまうと、結局今では彼らの地道な工作が実ったということになる。

宮脇　当時のアメリカ経由の工作は活発です。前にも言いましたが、中国初めてのナショナリズム運動と言われている一九一九年の五・四運動、北京大学の学生が動員されたあの事件以前には中国にナショナリズムはないわけなのですが、あれは三月にコミンテルンができて、五月四日が五・四運動、モスクワのコミンテルンには当時お金がないので、アメリカの労働組合からお金が出ているんです。

倉山 アメリカ共産党はレーニンに資金援助をしています。世界で最初にできたのがメキシコ共産党で、メキシコ共産党がアメリカ共産党をつくった。つまりアメリカ共産党は世界で二番目にできた強い共産党です。メキシコやアメリカでは革命が成功しなかったので、一九一七年にレーニンがドイツへ送りこまれた時に、そこに一点集中したんです。

宮脇 そして、日本の中国に対する「二十一カ条」要求反対というのが五・四運動のテーマですが、これも資金はアメリカのお金でした。

倉山 ロシア革命干渉戦争で列強に囲まれていて軍事的に劣勢なので、不正規戦やエスピオナージで世界中にスパイを放って、一斉に蜂起させる。

ハンガリー、中国、スペインでは内戦を引き起こしていますし、ドイツではナチスに負けたものの、イタリアではムッソリーニ政権下でも共産党がかなり力を持っていました。フランスでは人民戦線内閣をつくり、イギリスですら一九二六年にゼネストを決行しています。それから、もう少しあとの話になりますが、『嘘だらけの日米近現代史』で書いたように、日米両国を戦争に引きずり込んでいます。

宮脇 人はコミンテルンからいろいろ来るわけですよ。中国の場合は内陸経由で来ているわけでね。でも、お金がどこから来るかというと、世界同時革命なので労働組合が支えていたんです。

私が『真実の中国史』（ビジネス社）で書いたように、第一回共産党大会で党結成という時には毛沢東は参加していないので、第一回をないことにして、第二回を第一回だったことにしています。一個サバを読んで、自分が参加した回を第一回と決めたわけです。本当の第一回は、李大釗《りたいしょう》とか、陳独秀《ちんどくしゅう》とか、北京大学のもうちょっと主流派がやっています。

倉山　中国共産党の毛沢東がまだまだ下っ端だった頃ですね。そうやってコミンテルンが大量に入り込んできて、留学生の中にはまじめな愛国運動家から共産党の陳独秀までいた。陳独秀が大将です。吉野作造は政治屋としての素質もあるので右から左まで結構慣れていて、金をやって書生みたいにしたり、福沢諭吉がやったように面倒を見ることができましたが、経済学部の森戸辰男なんていうのは完全にコロリといかれちゃうんですよね。

宮脇　そして、陳独秀はまじめな本当の共産主義者なので、中国を共産主義化して、人民を平和に平等にしようと最後まで本気で思っているんです。それを毛沢東が乗っ取ってしまってすっかり変質してしまいます。実際、すごい額のお金が出ていました。だいたい、中国人が金がなくて動くわけないじゃありませんか。自発的に動くわけがない。しかも北京大学ですよ。

倉山　だから、彼らは金と暗殺ですよね。宋教仁《そうきょうじん》も暗殺されますし。

宮脇　それは共産党も国民党もどっちもです。宋教仁を暗殺したのは当然袁世凱です。宋教仁は中華民国の国民党の一番トップで、憲法大綱などをきちんとつくろうとしていました。中国にはアメリカ合衆国のような合州国制が向いていると言って、そういう憲法にしようと考えていたわけです。だから孫文も彼を嫌い、袁世凱はもっと嫌っていたんです。ああいうのを置いておいたら絶対にダメだと思っていたわけです。

宋教仁は、どちらかというと陳独秀に似ている、頭でっかちの学者タイプで、袁世凱と孫文は外国のことを知っているし、中国を知っている。リアリスティックというか、ずる賢いというか、頭が回る人たちだったんです。だから、袁世凱と孫文は、合州国制なんかにしたら中華民国はすぐ分裂するとはっきりわかっていたわけです。

でも、合州国制のほうがリアリスティックではあったんです。なぜかというと、中国はそれぞれの省によって話し言葉も違うし、辛亥革命が起こった時にすぐ外省人追い出せ運動が広がって、どの省も話し言葉が同じ同士、本省人でみんなまとまっていたからです。

清朝がなぜあんなに大きな地域を支配できたかというと、巡撫も総督も出身地には行かせず、すべて話し言葉の違うところへ赴任させて、真ん中で中央集権ができるようにしていたのです。ところが、全部の省が中央から来た外省人を追い出して本省人だけでやっていくようになってしまったので、これはもうアメリカのような合州国制のやり方で行くしかない、そういう共和国をつくろうというのが、中華民国の最初のみんなの意見でした。

倉山　それで、コミンテルンなんか、朝鮮どころか孫文そのものに工作をかけていっていますからね。
宮脇　それで、孫文はそれに乗ったんですからね。嫌な奴だ。裏切り者です。
倉山　ひどい奴ですよ、ほんと。日本人に命がけで世話してもらいながら、「私のことを本当に心から助けてくれるのはソ連だけだ」と。

満洲には誰が住んでいたか

倉山　当時の朝鮮からは結局、北が工業化するので農民が満洲に行くんでしたっけ？
宮脇　そうではないんです。そもそも北は食べていけない場所でした。だから、こっそりと満洲に行く朝鮮人は清朝時代からたくさんいました。それを清朝が、頭にきて殺したり追い出したりしていました。清朝は朝鮮人を入らせないために、一七一二年、康熙帝《こうきてい》が、「定界碑」という境界を定める碑を立てて、鴨緑江《おうりょくこう》と豆満江《とまんこう》を清朝と朝鮮の国境として定めています。
　その満洲の現地というのが問題で、もともと瀋陽《しんよう》、遼陽《りょうよう》のあたりは、本当は満洲旗人の土地でした。ところが、満洲八旗の人たちは、自分たちは北京など南に移住してしまって、子飼いの家来の一族郎党が残って荘園経営をしていました。日本の藤原氏のようなものです。

そして、荘園の上がりを毎年送らせて食べていましたが、南のほうの清朝では人口がどんどん増えてきて、人口圧で勝手に満洲に入ってくる。そういう人たちは安い賃金で働いてくれます。ところが、一方の満洲旗人の次男、三男は、行ってこいと言われても逃げ帰ってしまいます。乾隆帝《けんりゅうてい》が、補助金を出すから満洲へ行け、故郷が荒れ地になっては困ると言ったので、一度満洲人が満洲に大々的に送り返されたことがあります。満洲人は清朝では公務員扱いで、日本の旗本《はたもと》と同じく、商売してはいけないことになっていたので、俸給で食べていかなければならなかったのですが、次男、三男と増えていけば一人頭の収入は減るし、一方で相対的に贅沢になるので、苦しくなっていったんですね。

そこで、たくさん補助金をもらって行くのですが、寒いし、面白くないし、娯楽もないしと言って全部北京へ逃げ帰ってきて、結局違法にお金でやとった漢人農民を使うようになります。この頃は漢人農民はまだ小作人で、満洲人の地主や何かは全部北京にいるという仕組みでだんだん開拓が進んでいきました。こうして、農地にすれば毎月毎年上がりが入ると言って、これまで農業しなかったところにも人が来てどんどん開墾されて広がっていきます。

鴨緑江の北の今の中国領側の土地にも漢人が入ってくる。李朝末期に朝鮮北部で旱魃などの自然災害と大飢饉が発生して、朝鮮人が豆満江を越えて入っていくようになりました。つまり、鴨緑江の西側は山東半島から漢人が入りやすいけれど、豆満江の北側に朝鮮人が入るようになってきたんです。
その後、沿海州をロシアに奪われ、この地方の重要性を認識した清朝は、朝鮮人を駆逐することを決意します。

倉山　「駆逐」ですか？

宮脇　はい。一八八一年、明治十四年のことです。清朝が李朝に朝鮮人の退去を通告したところ、朝鮮側は、この地は朝鮮領であると主張しました。

倉山　えっ？　それはまた強く出ましたね。

宮脇　足元を見ましたね。二度の境界交渉で解決がないまま、朝鮮人は増える一方。沿海州はロシアになっていますから。もう日本も来ていますしね。

お金がなくなった清朝が、公に、南の漢人に対してもう好きに行けと言ったのが一九〇〇年の義和団事件のあとですが、それでも日露戦争の前まではまだあまり満洲に人はいないんです。日清戦争の時、日本人は旅順《りょじゅん》までは行っていますが、まだ満洲には行っていません。旅順に行ったのも軍隊だけで、居留民は入っていません。NHKのドラマ『坂の上の雲』で、漢人がナショナリスティックに「日本人出て行け」と叫んでいるのは本当に嘘です。当時満洲に漢人の村がいっぱいあったように描いているのも史実と違います。

日清戦争の頃は、漢人は禁を犯して行っているので、割と卑屈に小さくなっていました。その後でたくさん入っていくようになります。
義和団事件以降満洲に残留したロシア軍は、この地、つまり間島《かんとう》州を朝鮮領だと言い出しました。延辺朝鮮族のいる間島ですね。このあたりはもう朝鮮人がどんどん入ってしまった地域です。ロシアとしては、もし間島が朝鮮領ならば、満洲還付条約のせいで満洲からの撤退を余儀なくされてもここに残れるから、「ここは満洲じゃない、朝鮮領だ」と言うわけです。

満洲還付条約　一九〇二年四月八日、ロシアと清の間で結ばれた「満洲還付に関する露清条約」のこと。ロシア軍の満洲からの段階的撤退が取り決められた。その条件として、ロシア軍が撤兵するまでは満洲における清国軍の兵員数と駐屯地はロシア軍務省との協議によって決定すること、清国はロシア軍が撤退した地域を他の国が占領するのを許さないこと、南満洲での新たな鉄道建設はロシア政府と清国政府のあいだで協議してからでなくては行えないこと、などが規定された。

しかも、この一帯は長らく一般人の居住が禁止されていたので、手付かずの大自然が残っており、木材伐採のできる原生林も、高価な野生の朝鮮人参も、貴重な毛皮の取れる野生動物も、砂金も豊富にありました。実際に一九〇二年、日英同盟の圧力によってロシアが満洲からの完全撤兵に合意させられた時、韓国皇帝から豆満江・鴨緑江流域での木材伐採権を与えられたことを理由に、ロシアはこの事業に従事させるという名目で軍人を残しています。これが日露戦争の一因です。

さて、朝鮮半島の外交権が日本に移り、統監府が設置された一九〇五年の後、日本は間島に派出所を置き、一時この地方は日本官吏によって監督されています。その後、清国は、もし日本が間島で譲歩するなら満洲諸懸案に対する日本側の主張を承認しようと申し出ました。そこで、一九〇九年、日本は清と間島協約を結び、この地が清領であることを認めました。

ところが、日本が韓国を併合した一九一〇年以降、もう南満洲は日本の勢力圏だから、朝鮮人はますますこの地に移住するようになり、一九三〇年にはその数は六十万人に達します。そのほとんどは貧農で、もともといた満洲人地主の小作人になりました。

つまり、日韓併合後に朝鮮人が入っていった時には、地主は満洲人、漢人小作人、そこへ朝鮮人ですから、ものすごく人種的なもめごとが起きました。朝鮮人から見れば、満洲人と漢人の違いはわかりません。とくに、一九一二年に清朝がなくなったあとは、満洲人だと言うと殺されるので、満洲人地主が身分をかくして、漢人のふりをするようになります。

こうして、誰が権力があって誰が牛耳っているのか、もうわけのわからないことになっているところへ、朝鮮人が「俺は日本人だ」と言って入っていって、無茶をしたわけです。

倉山　満洲人が漢人のふりをするようになるというのが大事なポイントですね。そのどさくさに紛れて満洲で縄張りを張ったのが、張作霖《ちょうさくりん》一族です。

一九一一年の辛亥革命以降は、もう満洲人が民族浄化を受けてジェノサイドされかねないので、名前も漢民族に変えてしまいます。そこは『真実の満洲史』のとおりですね。こうして日本が行った頃には、もう満と漢の区別がまったくつかなくなる。

そういったドサクサに紛れて、あぶれ者のヤクザの親分の張作霖が満洲の軍閥になり、調子に乗って逆襲して北京まで取ってしまった。

宮脇　張作霖は馬の医者だったので、モンゴル人を懐柔するのがすごく上手でした。モンゴルの王侯たちは、やっぱり身分が不安定になっているし、満洲人でもないし、小作人に貸しているというのも、自分たちは本当の権利があってやっているわけでもないというところに、張作霖がボディガードのようにして入り込んだんです。

それから、これは聞いた話で、まだ誰も論文に書いていないことですが、ある非常に有力なモンゴル王侯、チンギス・ハーンの子孫だから、もともとすごく広い土地の管理権を持っていて、清朝から俸給ももらっていた人に知恵遅れの息子がいて、それに張作霖が娘を嫁に行かせたという話があります。つまり、モンゴルの親戚になったわけですね。

そうすると、もう信用が違いますよね。それで、うちの土地も任せる、うちの土地も任せるというふうになって、軍閥と言うけれども、張作霖の地盤はモンゴルなんです。

瀋陽・遼陽はずっと昔からの町ですから、商人組合だってあるし、所有関係の問題も結構レベルが高くて、満洲旗人がいろいろな分け取りを持っているわ、荘園の上がりは北京に送っているわで、もともと長く農場だった古い土地は、人間関係がむずかしいわけですよ。

けれども、遼河の西、遼西というのは、つい十年ぐらい前に農地の開墾が始まって、やっと税金が取れるようになって、大地主が生まれて、その何人かはモンゴル人で、みたいな、わけのわからない場所なんですね。そこにもともとの放牧地を奪われたモンゴル人の匪賊が出た、馬賊が出たとかいって、そうするとボディガード代も高くなるし、そうなればあっちのほうが食えるというので軍隊にもどんどん人が来るようになって大きくなっていったんです。

ですから、張作霖の配下の人間というのは、全員が漢族だったかどうかもわからないですね。

倉山　張作霖というのは五十万人の暴力団員を抱えている堤康次郎《つつみやすじろう》のようなものですね。堤がプリンスホテルや何かを使って皇族の権威で財を伸ばしたように、モンゴルの王侯貴族に取り入った。

宮脇　南だったら軍閥というのもわかるんですよ。沿海の町の商人や、大地主、宗族が自衛のために軍をつくったり雇ったりする地盤がありますから。でも、満洲の軍閥って、もともと満洲人とモンゴル人がいるところにどうやって軍人が入るんだろうと、満洲で軍閥というのは不思議な感じでしょ。だからあれは、モンゴル人と満洲人ではなくて、新しく入った漢族のボデイガードなわけですよ。

倉山　ボディガードが結局乗っ取ってしまうということですね。そしてそこに、バカな田中義《たなかぎ》一《いち》という日本の軍人が、こいつ使っちゃえと言ってやってしまう。陸軍は山縣から田中義一まで、ずっと満洲でそういうのを使えという立場なんですが、伊藤博文はそんなの使わないでほっとけという立場なんです。そこの路線対立が、日露戦争後の伊藤・山縣のすごい対立になるんです。

日露戦争に勝ってからの日本陸軍の軍人もやっぱりアホが多いです。慢心するし、「問題を解決しなきゃいけない病」が始まってしまうんです。

宮脇　問題を解決すると言ったって、現地はむちゃくちゃにややこしいんですから。しかも人種が混じっているわけですよね。そこに持ってきて、日本人になった朝鮮人が入っていって、「俺は日本人だ」と言って満洲人地主をいじめたという話です。でも、地主は立場が弱いので自分たちが満洲人だとは言えないんです。革命が起こって国がなくなったわけですからね。

「中国人」というフィクション

倉山　そうやって揉めていったところにいたのが、日本史で山室信一《やまむろしんいち》の『キメラ』（『キメラ――

満洲国の肖像』　中公新書　一九九三年）なんかがいうところの、いわゆる現地漢系というやつですね。漢民族と漢系は違っていて、日系、漢系、満系とか言うんです。さらに日本人とその他とあって、加害者日本対被害者向こうの人という図式。日本史はそれなんです。『キメラ』なんてもう全部それです。

宮脇　でも、漢民族と言っても、バラバラに入ってきてバラバラに村をつくっていますし、そのうち満系の中に漢人と満人がいっしょくたに入るようになったり、向こうも五種類も六種類もあるんですよ。日本人には、あちらの違いがわからないのと、無視するのと両方ですね。

倉山　しかもそれを「中国人」とくくってしまう。この時に「中国人」という言葉が問題なのは、日本史では、「先祖代々、中国東北、当時『満州』には中国人がいて、そこに日本国民となった朝鮮人が入植と称する侵略の先兵として行った」という描き方になってしまうんです。

宮脇　本当はそんなわかりやすいものではなくて、満洲は誰の土地でもない荒れ地で、そこにじわじわとロシアが来たからこっちから行くとか、本当の地主はもう力がなくなるとか、いろいろな経緯が絡み合っているんですけどね。

倉山　だから、満系はもう本当にそんな複雑な事情なのに、全部「中国人」の一言にくくられて一方的な被害者、朝鮮人は植民地にされたので仕方なく行かされたかわいそうな先兵、唯一もうどうしようもなく悪いのが日本というストーリーが、山室信一『キメラ』という〝有害図書〟に書いてあるわけですね。前半は三行に一回腹が立っていたのが、本の後半になると一行に三回腹が立つというひどい本です。

今の話がすごく複雑なのは、満洲人もいれば、そもそも共存しているモンゴル人もいれば、あとから乱入してきた漢民族もいる。今の日本史ではそれを全部ひっくるめて「満系」とか「中国人」とか言ってしまう。東洋史にはそこまでバカな人はいないんですけど、日本史研究者は本気です。現地の実情は無視して、日本人を加害者に仕立てあげるために「中国人」というフィクションをつくり上げてしまう。

宮脇　『キメラ』は増補改訂版も出ましたよ。漢系の背景もいろいろあって、満洲はもともと漢族の土地ではなく、満洲人とモンゴル人の土地で、最初に来たのは禁じられていたのに来た人なわけです。それが一九〇〇年になったら、清朝が「満漢一家」と言い出して、ロシア人に取られるぐらいだったら漢族のほうがましと言って送り込んだ。そこで漢人が入っていくわけですが、本格的にどっと入っていくのは日本が満洲国をつくったあとなんです。

倉山　なぜかというと、万里の長城は物理的に越えられるので、華北から入ってしまうんです。少し先取りして言うと、本当は満洲国は黄河を境界にしなくちゃいけなかったんです。黄河は物理的に渡れないので。ところが、万里の長城を境界にしてしまった。南から見ると、万里の長城の向こう側はもうとんでもなく発展していって、別天国になっているわけですよね。それを見た華北の連中は、あっちのほうがいいってわあっと入ってくるので、満洲を守るためには華北分離工作だ、ということになってしまう。

日本がいて、朝鮮がいて、満洲という中国の一部があるという位置関係でまず把握して、日本史だと朝鮮人を先兵にして中国を侵略したというイメージで取ってしまうんですが、そこにいた中国とは誰なのかと言うと、実は満洲人とモンゴル人が伝統的に暮らしていたところに、最初非合法で、あとやけくそで入っていった漢民族。そこにいた漢民族は、一方的な被害者でも何でもないですよね。

万宝山事件から満洲事変へ

宮脇　ソ連に誕生したコミンテルンは、一九二五年から二八年、朝鮮国内における共産党の組織化に力を注いできましたが、力尽きて、朝鮮国内における運動を諦め、一九三〇年、朝鮮共産党を中国共産党満洲省執行委員会の指導下に組み入れました。こうして満洲の中の間島が朝鮮人の共産主義民族運動の場になっていきます。
一九三〇年五月、中国共産党の指導の下、間島の朝鮮独立運動派が貧農層を組織して武装蜂起します。「打倒一切地主、打倒日本帝国主義」をスローガンに掲げたこの間島暴動は、張学《ちょうがく》良《りょう》支配下の東北官憲によって徹底的に弾圧されました。本質的に地主・官僚・軍人政権である張学良の東北政権は、共産主義と入り混じったこの朝鮮人民族団体を、むしろ日本帝国主義の手先と考え、弾圧の対象を政治団体から一般の朝鮮人にまで拡大しました。

すでに一九二八年から三〇年、農業に従事する在満朝鮮人と中国人の対立紛争は百件を数え、一九三一年二月、国民党会議は朝鮮人の満蒙移住厳禁を決議し、鮮人駆逐令によって朝鮮人を満洲から追放にかかりました。張学良《ちょうがくりょう》は朝鮮人が嫌いで、全員追いだそうとしたんです。

朝鮮人は「俺たちは日本人だ」と言うけれども、現地からしたら「あれは朝鮮人だから出ていけ」だったんです。「日本はまだ文化が高いかも知らんが、朝鮮人は大嫌いだ」と。

倉山　張作霖、張学良としては、日本はまだ手強いけど、朝鮮人だったらいじめていいだろうと。それで、実際に日本の外交官が、「別に朝鮮人だったらいじめていいよ」みたいなことを平気でやるわけですよ。外交官は朝鮮人のことを国民だと思っていない。関東軍は同じ国民だと思っている。この温度差が激しい。

宮脇　張学良の運動は、二十一カ条要求無効のナショナリズムの運動でしょ。日本人や朝鮮人に土地を貸したり家を貸したりした奴は売国奴だから、全部それはチャラにするとか取り上げるとか言ったのですが（懲弁国賊条例《ちょうばんこくぞくじょうれい》）、実際に取り上げられたのはほとんど朝鮮人でした。日本人は、その頃は満鉄社員とか領事館員とか、それを相手にしている商売人ぐらいしかいないので、日本の金で暮らしていましたから。現地の土地を借りたり、現地で商売をしたり、現地の人を相手にして農民になっているのは、六十万人の朝鮮系の人たちがほとんどでした。そして、行き場を失った朝鮮人農民が長春の西北二十キロの万宝山に入植しました。

ところが、吉林省政府の警官隊は朝鮮人農民の退去を繰り返し求め、七月にはついに中国人農民が大挙して彼らを襲撃します。日本は、日本国籍を持つ朝鮮人保護を名目として武装警官隊を送り、この紛争を武力で押さえ込みます。さらにそれを韓国の新聞が中国の不法行為として大々的に報道したため、今度は韓国各地で排漢運動が起こりました。とくに、平壌では数千人の朝鮮人群衆が中国人街を襲い、国際連盟が派遣したリットン調査団の報告書によると、百二十七人の中国人が殺されています。これを万宝山事件と言います。この事件が満洲事変の直接の引き金です。

倉山　そのリットンの数字もいい加減で、そこまでの調査能力はリットン調査団になかったでしょうが、今の中国でやっていることとまったく同じことが満洲であったということですね。

と言っても、別に張学良は反日だけやっていたわけではありません。蔣介石《しょうかいせき》とか張学良というのは、とにかく中華ナショナリズムの人たちなので、まずイギリスに南京事件でケンカを売ったらイギリスばかりかアメリカにも艦砲射撃され、次にソ連にケンカを売ったらまた返り討ちにあい、次に日本にケンカを売ったら、日本だけはほどほどで引き上げずに、本気になって満洲国をつくってしまった。だから、日本だけが中華ナショナリズム・ババ抜きのババを自ら引く格好になった。

幣原がおかしいのは、英米が南京事件で日本も一緒に艦砲射撃してよと言った時に、なぜかやらないんです。普段英米協調のくせに、その時だけなぜか、「アメリカ・イギリスの申し出なんか聞くか」みたいな、日中友好のほうを優先させてしまうという不思議なことをやってしまうんです。

こういう変な話があったあと満洲事変が起きた。これは朝鮮人としては嬉しいですよね。人間扱いされていなかったのが、いきなり最後、全世界を敵に回してまで朝鮮人を守るんだって日本人が言い出したので、もう欣喜雀躍《きんきじゃくやく》としてしまった。しかも、満洲国では五族協和の中に、漢民族や満洲人やモンゴル人や、ましてや日本人とも対等の朝鮮民族として扱ってくれる。

こうなってしまうと、朝鮮人が日本人を嫌う理由がないどころか、日本人であることが彼らの誇りになってしまうんですよ。圧倒的多数の朝鮮人にとっては、それまで併合してから二十年間ひたすら投資してくれて、人間らしい生活にしてくれたあげくに、宗主国なのに植民地のために、正確には植民地ではないですけど、自分たちのために全世界を敵に回して戦って勝ってくれた。

宮脇　圧倒的に強くて、やっつけてくれたんですからね。

韓中連合軍？

倉山　一応私は満洲事変が修士論文という立場なんですが、衝撃の事実を知ってしまいました。この『韓国近現代の歴史』（韓哲昊他　明石書店　二〇〇九年）という検定教科書、事実上の国定教科書によると、一九三二年、昭和七年に永陵街《ヨンヌンガ》の戦いというのがあって、「梁世奉《りょうせほう》が率いる朝鮮革命軍は中国義勇軍と力を合わせ、南満洲興京県（今の新賓県《しんひんけん》）の永陵街一帯で日本軍を大きく打ち破った。五日間も続いた戦闘で韓中連合軍は肩を並べて戦い、これは両国の人々が同じ側にいるという気にさせることに寄与した」と。

さらに翌年には、この韓中連合軍は、「韓国独立軍は（中略）護路《ごろ》軍と結集して日本軍を撃破し、小銃千五百丁や大砲など数多くの戦利品を得るなど大きな戦果を収めた」って。

宮脇先生、顔がぽかんとしていらっしゃいます。

宮脇　初めて聞きました。だいたい、韓国と中国ってどっちもない国でしょ。どこが連合軍なの。日本人が文句を言わないので言いたい放題で、いくらでもエスカレートしていくのは韓流時代劇と同じですけど、すごいですね。だいたい、韓国は当時ありません。

倉山　何でしょうね、この空想小説。中国って誰ですか。満洲事変の関東軍の史料はあらかた見ているんですが、匪賊討伐について、奴らは昼間寝ているから夜寝込みを襲うとか、そんな話はあっても、戦いの名前すら付かないような話ばかりです。

宮脇　それに、もし武器をそんなに取られた場合は、それこそ上にちゃんと報告が上がります。その報告がないのですから、捏造ですね。

倉山　完全に捏造です。この教科書を読んでいくと、後世の史料を一次史料として使ってしまっているんです。あとになってから誰かが自分の自慢話の回顧録として勝手なことを書いているのが全部一次史料になっている。

創氏改名

倉山　私の中ではマイナーネタなんですが、「皇民化政策」とか、「創氏改名」とか、「慰安婦」とか、「神道強制」とか、読者の知りたがることが山のようにあるのですが、このあたりどうしましょう？

宮脇　あまりに言い古されたことに関しては、一つずつ項目を挙げて、一言ずつ感想と結論だけ言うことにしてはどうでしょう。

倉山　では、創氏改名から。私は洪思翊《こうしよく》中将の話を『嘘だらけの日韓近現代史』ではしたんですけど、別に強制していませんよね。

宮脇　オリンピック選手も東大の学者も、偉い人はそのままの名前の人が何人もいました。日本人の記録の中にも、クラスメートに朝鮮名の人がいても、誰も差別していないし、結構みんな楽しんでつきあっていた様子が出てきます。別に強制ではありません。ただ、とくに満洲に行く朝鮮人は日本名が欲しかったというのは本当です。漢人に対する時には日本人でいるほうが有利ですから。日本の学校に留学して来る時は、結構たくさんの人が元の名前で来ていますよね。自分たちで変えたり日本名になったりしたのは戦後です。

倉山　むしろ逆に日本本土に来る時は朝鮮人名のままでいいんですよね。外国人参政権どころか、内地に行ったら日本国民として選挙権も被選挙権もありました。これのどこが植民地なんでしょうか。

まあ、高木正雄（朴正熙）さんみたいな人もいますけど。日本人名のほうが有利だと思ったら変えているだけで、朝鮮人のままのほうが有利だったり、不利にならないと思ったら変えないんですよね。日本本土での扱いと、満洲へ行く時の扱いの差はそこから来ています。創氏改名が強制だったという人には、そういう視点がまったくありません。

強制連行

倉山　次は強制連行。これは日本人にもやっている徴用令のことなんですが、私はそれ以上何を言えばいいんでしょうか。外務省が調べたところ、本当に強制的に連れてきたのは二百四十六人というデータが出ています。

宮脇　日本だと、国民徴用令や学徒勤労令で中学生や女学校の生徒が工場で働かなければいけなくなったけれど、それは朝鮮では最後の最後までありませんでした。朝鮮ではそれは無理だったんです。戦争の末期に朝鮮半島でも行われることになったことを大々的に強制されたと言いますが。

倉山　本当の強制は二百四十六人という、「役人にも行き過ぎがありましたんで、ちゃんとそれは調べます」と外務省がやっているんです。どこの国でも役人の行き過ぎなどというものはあるのであって、国策レベルでやった話と一部不届き者がやった話を一緒にされては困るという話なんですが。

宮脇　でも、今の韓国人は、「自由な応募で強制ではなかったとか、募集だと言ったって、そういうことを断れる雰囲気じゃなかった」とか言い出す。たくさんの労働者が日本に強制的に連れて来られたというのも、稼げるから来たんでしょう。

倉山　それ以上に、日本人と同じように戦わせないのが差別だとあの人たちは言っていた。それはものすごく重要なことで、どれだけ日本人になりたがっていたかということです。朝鮮エスニックかもしれないけれど、アイデンティティが日本ネイションの日本人になっているんです。単なる法律上の日本国民でなく、文化意識として日本人なんです。満洲事変が朝鮮史にとって劇的な次元だった。そんなバカなことする奴いないですもんね。イギリスがアイルランドのために世界を敵に回すかという話で、カナダの為だってやりませんよ。

そういう意味で、さっき言った幣原のほうは大枠では正当なんですけど、やり方が最悪でした。一方、関東軍は目の前のことしか見ていない。そして、常に正論を言い続けている石井菊次郎は誰も言うことを聞いてくれない。石井は冷酷非情な帝国主義者なので、「上手にやれ」と一言なんです。朝鮮人のことなんかかまうなというか、視界に入っていません。

従軍慰安婦

倉山　従軍慰安婦。この問題は、まず吉田清治《よしだせいじ》の本があって、河野談話が平成五年（一九九三年）にあって、それから教科書に載るようになりましたね。

宮脇 そうです。左翼の日本人がまず教科書で「性奴隷」だとか言って、従軍慰安婦のことをガンガン書くようになりました。今韓国人が言っていることは、全部日本語で書いたものが元です。つまり、自分たちでオリジナルに研究したり、そういうことを言えるような人たちではない。全部日本人が言ったことをオウム返しにして、都合のいいところを拾って言っているということは明らかです。

倉山 ちなみに、一番「従軍慰安婦」のことを取り上げず、日本国の悪口を言っていない教科書が山川出版社なんです。なぜか。どこからも抗議が来るのが嫌だからなんです。むしろそういうことは用語集のほうで書いています。他社さんの本でそれを思いっきり書いたんですけど、山川の教科書読んでみると、従軍慰安婦なんかどこに出てくるんだ、虫眼鏡で見ないとわからないというような話です。

どこかの本で戦地売春婦、軍隊慰安婦という言い方をしていませんでしたっけ？　従軍慰安婦なんて、そんなものはいないですから。

宮脇 まず言葉がおかしい。でも、それも日本人がつくった言葉です。みんながいろいろなことを言っていて、本当のことは何もないのにこんなに大きな問題になっているのは、たとえばアメリカで像を立てるような在米の韓国系の人たちは、自分たちが韓国から追い出されたか、あるいは韓国を捨てた人たちでしょ。それなのに、アリバイづくりで、自分たちが韓国人にいじめられないために日本叩きをするのよ。

要するに、日本人を痛めつけても何も害がないし、何も痛い目に遭わないですむし、自分に跳ね返ってこないことがわかっているから、反日で韓国に対して恩を売り、自分たちを防御しているという図式です。やっぱり日本人がはっきりと、そういう韓国人とは付き合わないと言って、拒否しなければいけないんですよ。

韓国人が自国民同士で傷つけ合い、いじめ合う構造がはっきりしているので、そうでないほうへ出て、自分たちにとって安全なところを叩こうというだけの話です。

倉山　適宜外務省が反論すべきなんでしょうね。

宮脇　しかも、韓国人相手にやる必要はないんです。それ以外の世界の人たち相手にちゃんとしたことを伝えるほうがずっと大事で、韓国人は放っておけばいいんです。仕方ないじゃないですか。自分たちで勝手に嘘をついて、勝手に言う人を説得できるわけもないし、もともと中国人と韓国人は説得しようというのが無理なので。

日本の正しい立場を、中国・韓国人ではない人々に説明するというか、訴えるというか、きちんと表明することが大切だと思います。

皇民化政策

倉山　「皇民化政策」というのもありますが、根本的にはさっきの満洲事変のおかげで、向こうが成りたかったわけですからね。

宮脇　朝鮮半島の人たちは、一度はそんなに心から日本人になりたかった自分たちが許せないんです。間違って弱い方についたということが許せないんですよ。だからそういう歴史を消したい、一切そういうことはなかったことにしようという、そういう欲求というか、衝動が今の韓国をつき動かしているのではないかと私は思います。

倉山　朴正煕なんかは、実は、昭和十六年から二十年までの朝鮮半島が一番よかったと思っている人なんですよね。

宮脇　知っている人はそうなんです。でも、今はそういう人たちを弾圧し、この前の事件のように「日本の統治時代はよかった」と言ったおじいちゃんを殺したりしています。本当に歴史を全部書き換える衝動というのはあの人たちにもともとあるもので、嫌いなものはないことにしたいんです。ところが、日本人がないことにしてくれないと言って怒っているんです。

日本人は一切忘れませんからね。お前たち、そんなこと言ったって、あの時は日本人になって嬉しかったんだろう、とすぐ言い返されることが嫌だと言って、ああいいふうに怒って、拗ねて、駄々をこねているというふうに思います。

倉山　ですから、この時代というのは、実はこの時代自体を詳しくやるよりも、現代にどういう影響を与えているかのほうが実は重要です。この時の歴史評価がずっと今まで尾を引いていますね。

宮脇　つまり、自分たちの像を自分たちの気に入るように見られないことが彼らの苛立ちなんです。しかも、自分たちで主体的に何かを動かしたり、決めたりしていないということに対する苛立ちと、だから変えたい、ああいう日本人なんて全部いなくなったほうがいいのに、ああいう奴らがいるから思い出して不愉快だと、こういう気分でしょう。

神道強制

倉山　「神道強制」なんて、どこでもそんなことしてないんですけど。イエズス会みたいな神主さんは一人もいませんから、当たり前の話です。

宮脇　だいたい、神道は布教しません。これは満洲国皇帝の溥儀《ふぎ》が悪くて、東京裁判の時に押し付けられたとさんざん嘘をついたんです。溥儀のことは朝鮮の話ではありませんが、朝鮮人が見習っているので言っておきます。彼は帝王教育を受ける間もなく宮殿を追い出された人で、満洲国に行って乾隆帝のようになれると思ったら、何も自分のやりたいようにできずにイライラしていました。

それで、二回目に日本に来てみたら、天皇陛下が日本人にどんなに尊敬されているかを見て、「そうか、天皇陛下と同じことをすればいいんだ」と、天照大神《あまてらすおおみかみ》を連れて行くと言い出した。日本人はみんなすごく反対して嫌がりました。天皇陛下ももちろん嫌だし、軍人もみんな嫌だし、「あんたね、清朝の後裔でしょ、清朝の祖先祀ったらどうよ」ってみんなで言ったんです。

倉山　関東軍などは、溥儀がだらしないのを知っているので、傀儡《かいらい》にする時、反対論も出ていました。「じゃあ孔子の子孫でも誰でもいいや」と言って、でも、孔子の子孫だと蒋介石のスポンサーで銭ゲバで有名だった孔祥熙《こうしょうき》になってしまうのでやめておこうと。はっきり言って誰でもよかったんです。

宮脇　本当は、関東軍は今さらまた皇帝かというのが嫌だったんですよね。共和国でいいって。基本的にあの時代は国家社会主義の時代でした。とくに軍人は下の方の出身だから、資本家は嫌いだし、満洲にソ連のような国をつくりたかったんでしょう。

倉山　関東軍には国家社会主義者が相当紛れ込んでいましたね。岸信介《きしのぶすけ》なんかもそうです。

宮脇　岸信介も？　でも、鮎川義介《あいかわよしすけ》さんを呼んできたのは岸ですよね。資本家がいなかったら国は成り立たないと言って、日産コンツェルンを連れてきて満業にしたんでしょう。

倉山　それはどういうことかというと、岸は思想的にそうなのと、官僚としてやることが全然違っていたんですが、なぜ鮎川さんかと言うと、三井三菱の旧財閥を追い出して締め出すためなんです。その時に満洲で、日産や大倉などの新興財閥ができます。三井三菱は二大政党と元老べったりなので、既成財閥打破というのが彼ら国家社会主義者のスローガンになっています。だから、新たに利権を持っていった。

宮脇　なるほど、そういう流れですか。当時世界中がそうでしたからね。それにしても、溥儀のそういう思いつきは本当にみんな嫌だった。それなのに東京裁判で抜け抜けと、全部嘘を言ったんです。

倉山　溥儀は立憲君主と傀儡の区別がまったくついていない。だから、「立憲君主として振舞えば尊敬されるんですよ」と副官の吉岡中将などがいくら言っても、「これは俺に権力を握らせないで傀儡にさせるつもりだ」って。溥儀については私生活の話もいろいろあって、どれが本当かわかりませんが。

ちなみに、満洲事変以後の朝鮮半島は結構牧歌的で、満洲事変から日本が負けるまでは、満洲が最前線になっているので、朝鮮では揉めていません。

朝鮮総督

倉山　昭和期の朝鮮総督を批評しておきましょう。

朝鮮総督というのは総理大臣見習いポストです。満洲事変の時は宇垣さんが総理大臣候補でした。そして、何か政変が起きて西園寺公望《さいおんじきんもち》が次の総理誰にしようかなと悩んでいる時に、じっとしていたら総理になれたのに、側近がいないくせに「本を取りに来た」と言って静岡県にやってくるので、こいつ胡散臭《うさんくさ》いって毎回はねられています。

その次が宇垣の一の子分の南次郎という人がなるのですが、この人も総理大臣候補ですけど、それで終了ですね。

次の小磯国昭《こいそくにあき》は一九四二年から四四年まで朝鮮総督をやって、これまた宇垣閥で、宇垣が失脚しても中枢に残ったという人です。世渡りがやたらに上手で、東條英機《とうじょうひでき》が倒れて陸軍から総理を出せという話になった時、三人候補がいる中で、二人は前線司令官だけど朝鮮総督はとくに戦っていないので、じゃあ内地に戻ってこいといって総理になったという人です。

南、小磯は日本人からすると無能な軍人ですが、朝鮮では有能な行政官でした。

最後の阿部信行《あべのぶゆき》という人は元総理です。朝鮮民族との融和に腐心しました。

いずれも、朝鮮人にはとやかく言われたくない。当時の総理大臣候補者を送り込んでいたのですから、朝鮮を大事にしていました。落ちこぼればかりを寄越したＧＨＱとは違います。

朝鮮への投資

倉山　満洲には新興財閥がいた一方で、朝鮮には朝鮮銀行がありました。その朝鮮銀行がお札を刷ったのが朝鮮軍を通じて関東軍の資金源になったから、それを高橋是清が締めようとして暗殺されたという説も最近出ています。

宮脇　満洲は新開地なので、本当に開拓を含めてインフラ整備のために投資の必要がありました。でも朝鮮は歴史が古く地方ごとに細かく分かれていて、もともと満洲に比べたら人間の数が多いのです。私は、朝鮮に対しては、日本のお役所の人間が入って、国家的に日本の税金で統治したというイメージが強いです。利権にならないということです。

日本人は一攫千金で現地に投資して、儲けを自分のポケットにいっぱい入れるというのは非常に少なかった。唯一満洲はそういう場所だったので、大倉財閥のようにがっぽり儲けて帰ってきたところもあるけれど、朝鮮ではそれは無理だと思います。

倉山　お役所でも、儲からないところを自分の天下り先として利権にしている役所がいっぱいあるじゃないですか。朝鮮はそれと一緒です。つまりは、巨大な箱物だった。

宮脇　なるほどね、人間を吸収しますからね。国家公務員の人数はどんどん吸収できるでしょう。村から何からものすごく細かくありますから。前に言ったように、小学校、中学校まで、先生は全部国家公務員でした。日本人の行き先、就職先の需要としては大きな土地です。

倉山　今の話の大前提は、当時は今とは逆で、人口が多すぎて困っていたので外地にどんどん出していた時代です。朝鮮ではその分では得だったということです。余剰人口を世界中に移民として送り出していた時代なので。

宮脇　とくに国家公務員系の人たちがおおぜい行っていて、朝鮮でがっぽり儲けた人というのはあまり聞いたことがありません。

一方、朝鮮の行政機構では、道知事も含めた上のほうまで朝鮮人も採用されています。外地といっても法的には日本人なわけですから。

しかも元両班の結構な人数を日本と同じような形で華族にしましたしね。向こうの皇族にこちらの皇族がお嫁に行ったりしました。本当に合邦で、上から下まで教育は行き届くし、デパートはできるし、学校はできるし、いい目にあっているんです。

倉山　陸軍中将にも、貴族院議員にもなっていますね。そこで日本人が勘違いをしていたのは、李朝などというのは朝鮮人の象徴でも何でもないことです。今で言うと、北朝鮮を滅ぼしたあと、金一族を優遇するようなものです。

宮脇　そうなんですよ。李朝を優遇されたって、みんな少しも嬉しいと思わなかったというところが日本と違います。韓国の歴史ドラマ『宮《クン》』で、もし王族が残っていたらというのはありましたけど。

倉山　せいぜいそんなレベルで、いまだに真面目な李氏朝鮮復興運動なんて一つもありません。李氏朝鮮と金一族だったら、まだ金一族のほうがましという、これが抜けているので、朝鮮のことがさっぱりわからないんです。そんな奴らを優遇して誰が喜ぶんだという話です。

宮脇　朝鮮の両班はみんなをいじめたので、その記憶がすごく残っています。本当にひどいいじめ方をしたんですから。社会の格差とか、見下す考えとか、そういうことが日本人はわかっていませんでした。

日本語教育

宮脇　日本語教育を強制したのがいけない？　だって、日本語以外でどうやって近代化するんですか？

倉山　いや、問題は朝鮮に限らないんですけど、当時日本は、日本語を強要したとか言いながら、現地の言葉も強要しているんです。「お前ら、自分の民族の言葉覚えろ」って、何やってるのかと言いたい。

普通の国は植民地の民族の言葉を奪っていくのに、日本は朝鮮で、ないところに植え付けていっているんです。植民地統治がわかっていない。台湾で成功したからそのままやったんでしょう。

宮脇　だいたい、新しいことを読もうと思うと、日本語を勉強するしかありませんでした。私の知っている韓国の年配の人も、とにかく世界中の文学全集みたいなものは全部日本語で読んだと言っていました。日本語を勉強しなければ近代化できないんですから、仕方がないんじゃないですか。

満洲でもそうですけど。五カ国語も六カ国語も言葉があって、じゃあ共通語どうするのとなった時に、やっぱりとりあえず日本語を勉強して日本語を読んで話せるようになってくれ、ということになるわけですから。それを、威張っていたとか、宗主だとかと言われても、じゃあ今何なのかと言いたいですね。

漢字廃止は日本語隠し

宮脇　その日本語を勉強した人たちが日本を見習って、テニヲハだけハングルにした新聞がいっぱい出ました。それが戦後どうなったかというと、実は漢字の語彙は全部日本語だったのをハングルにしただけ。あれをもしまた漢字混じりにしたら、私たちは朝鮮・韓国のものはほとんど読めますよ。あのほうがよほどパッと目に入ります。でも、そうすると、漢字の語彙が全部日本語だとばれてしまう。

倉山　全部ハングルだと、つまり、アルファベットしかない、ローマ字しかない日本語みたいなものですね。音だけになる。

宮脇　だから、呉善花《オソンファ》さんが、人間が浅薄になると言っています。つまり、情報量が極端に減ってたくさんのことが抜け落ちる。漢字は音が同じものばかりですから、違いの見分けようがない。お父さんとお母さんの名前がどういう漢字になるかも知らなくなるそうです。人の名前って、耳で聞いても、漢字がなければほとんど同じ名前になってしまうでしょ。

　金正日も最初は金正一とか、いろんな漢字が出ていましたものね。何だかわからない、本人も知らない、これにしよう、みたいなもので。あとから、よく考えたらお父さんの字が入っているほうがいいというので変えたのでしょうけど。

要するに、もう誰も漢字を知らなければ、どんなふうに書いても、別にどうでもいいわけですよ。それでも、意味を聞かれるとやっぱり、じゃあこっちの漢字のほうがいいとか、こっちにしようとか、そういうことだろうと私は思います。

倉山　しかも、反日から漢字廃止したんですよね、間抜けなことに。一九七〇年から漢字廃止政策で学校でも教えなくなり、ほとんど全部ハングル表記になっていますが、そのうちどうなるんでしょう。

宮脇　今は、自分の名前くらいは、もともとの漢字の意味をまず考えてからハングル名にしていますから、どの漢字かを知っているはずなんです。でないと固有名詞になりませんからね。でも、俳優の名前だってハングル表記にされてしまっています。

ただ、韓国映画を香港で売る時はみんな漢字名になっているんです。だから、「ああ、名前の漢字は知っているんだ」と思います。漢字には意味がありますから。

倉山　一応根絶されたわけではないのですよね。

宮脇　そうですね。戻そうという気持ちも少しあります。もうちょっと戻そうとか。

倉山　ソウルを歩いていて、漢字や日本語が出てくると、日本語は仕方ないですけど、漢字すらネイティブチェックを受けたほうがいいんじゃないか、みたいなものがいっぱいあります。

宮脇　線が足りないとか、反対向きに書いてあるものとかですね。もうわからないし、読めなくなっているんです。だから、自分たちの古典が読めない。文化断絶なんです。

第3章

日本の敗戦と朝鮮戦争

ポツダム宣言受諾直後の状況

倉山　一九四五年八月十五日、光が復すと書いて「光復節」と彼らは言いますが、さあ、実態はどうだったか。

まず、韓国近現代史教科書を見ると、ろくすっぽ喜んでいる写真がない。韓国民衆が喜んでいる写真を載せればいいのに、刑務所の前で政治犯がバンザイしている写真しかないんです。日本の教科書で、宮本顕治《みやもとけんじ》が網走刑務所から出てくるところの写真がない。東京にいたのは徳田球一《とくだきゅういち》と志賀義雄《しがよしお》なのですが、そういう写真は載せたくないというのと同じです。朝鮮のほうは本当に写真がない。それは当たり前の話なんですよね、彼らはもう日本人だったので。

宮脇　日本人としてがっかりして、みんなで泣いていたということです。

倉山　そして、アメリカ人は当時何を考えていたかというと、一九四六年まで戦闘は続くだろうと思っていました。沖縄から東京に侵攻する作戦ばかり考えていて、実は朝鮮のことはろくすっぽ考えていない。

朝鮮半島では、日本の朝鮮軍が八月二十五日までソ連に対して抵抗しています。『現代朝鮮の興亡—ロシアから見た朝鮮半島現代史』（A・V・トルクノフ他　明石書店　二〇一三年）によると、何かほとんど抵抗力なく鎧袖一触《がいしゅういっしょく》で潰されたように見えますが、戦史叢書などを見ると全然違います。実は、上陸したのを三回叩き落とすとか、かなり頑強に抵抗しています。

宮脇　満洲がいっぺんに降伏したのに、何で朝鮮軍は降伏しなかったんでしょうか。

倉山　あまりにもひどい強姦などの話が伝わっているので、日本人を逃がすために抵抗しなければいけなかった。

宮脇　つまり、満洲の話が伝わったから、朝鮮軍は抵抗してくれたと？

倉山　そうなんです。八月十五日まではもちろん抵抗をやめないですし、その後も、停戦交渉をやっている間にもソ連軍は婦女子を強姦しながら南下してくるという、とんでもない状態ですから。

宮脇　満洲ももちろん十五日に全員武装解除せよという命令は来たけれども、現地で司令官がちゃんとしていたところは、日本人が逃げるまでは抵抗するなり玉砕するなりしていますね。とくに内モンゴルの張家口《ちょうかこう》では、駐蒙軍は本当に日本人が一人残らず全部逃げるまで、最後まで抵抗したんです。

倉山　その話は私のブログ「倉山満の砦」に書いていますが、かいつまんで言いますと、駐蒙軍司令官の根本博《ねもとひろし》中将が、二千五百人の兵力で数十倍のソ連軍を迎え撃って見事撃退し、居留民四万人を全員無事に返したという、冗談みたいな強さの話です。戦死者は二千五百人中、七十名弱だったとか。

宮脇 本当にそのおかげでって、みんなすごく感謝していますね。

倉山 日本人の残留孤児は全部満洲なんですよね。ちなみに張家口はモンゴル、内蒙ですね。

宮脇 そうです。内モンゴルは全員逃げられたんです。内モンゴルは、徳王《とくおう》が親日だったせいもあり、彼もとにかく自分たちの内モンゴル軍に対して、「日本人を守って、先にとりあえず安全なところに移すように」と言い、自分たちはそのあとで北京に引き上げてくれました。

蔣介石《しょうかいせき》はシナ方面では日本軍と上手くやっていて、日本軍が治安維持をしていましたが、あまりに満洲が遠かったのですぐに行けないわけですよね。その点、毛沢東には地の利がありました。延安にいたので、内モンゴルを通ったらすぐ満洲なのでダーッと攻めていった。それでソ連と上手くやり、言うことを聞きますということでソ連から日本軍の武器などを全部もらっておいて、ずっと言うことを聞いているふりをして、どんどん取っていったのです。

倉山 満洲では、虎頭《ことう》要塞などは抵抗しているんですが、多勢に無勢で敵うわけもなく。岡村《おかむら》寧次《やすじ》支那派遣軍総司令官は「天皇陛下の命令があったら今すぐ満洲に突入したい」と、日記に何回も書き残しています。日本人が悲惨な目にあっていますから。それなのに自分は根本博に宛てて、「ソ連に対して武装解除して抵抗するな」という電報を打たなければならない。

宮脇 やり方というか、主義というか、間違いはありますけどね。日本の上層部は大陸のことがわかっていなかったわけだし、あの時は、法律を守る人と、現地に合わせて対応する人と、死んでも日本人を守るという人と、いろいろな形に分かれたんです。

倉山　あの時、まともにポツダム宣言を守った人は悲惨な目に遭っています。ソ連相手にはもちろん、アメリカ相手でも相当悲惨な目に遭っています。

宮脇　日本人が各地で虐殺されたわけですからね。でも、本当にそれぞれの場所で踏ん張った人たちはいるんです。自分はもうどうせ死ぬんだからと、満ソ国境でも、それぞれの軍隊には本当に玉砕した人がいっぱいいました。少し時間をかせいで日本人を逃したりしたけれど全員は無理で、開拓団はひどい目に遭っています。

倉山　朝鮮半島では、さっきも言ったように朝鮮軍が意外と敢闘していました。南の方からは、九月九日に初めて米軍のホッジ中将が上陸しています。

アメリカとしては、ポツダム会談でソ連に参戦を求めたから、もうソ連は満洲から朝鮮半島まで取ってしまうだろうと思って、三十九度線ではなく、三十八度線を境界にしています。アメリカとしては吹っかけたつもりでしたが、地政学的には圧倒的に不利なことをやってしまった。ホッジは、三十八度線まで取れたからラッキーと思っているけれど、ソ連は、もう腹の中で笑い転げているわけです。三十九度どころか八まで前に出られた、しかも千島まで取れた。アメリカは、「ああ、千島までで、三十八度で我慢してくれたんだ」と。

アメリカとしては、いつまでに完全に日本に勝てるかどうかがわからない状況の中で、実は、もう主敵はソ連になっているんです。トルーマンは、ソ連が危ない奴だと気づいているんですよ。ところが、ホワイトハウスが全員フランクリン・ローズベルトのスタッフのままなので、舵をそっちに切れないというジレンマがアメリカの側にもありました。朝鮮のことは何も考えていない。

三十八度線は軍事境界線なので、それを超える人の移動は基本的にありませんでした。例外はあるとしても今の脱北者のようなもので、敗戦直後の脱兎のごとくの大脱走以外はそれほどありません。一九四六年の春先にはもう通れなくなっていたはずです。正確には四六年の一月、二月頃までです。

宮脇　満洲やシナ大陸から日本人はもっとあとも引き上げてきていますが、朝鮮が通れないのでみんな船でした。

倉山　遼東半島までは行けても、そこから中は行かれません。何をされるかわからないから。岡村寧次の目が届くところだけが安全なんです。

それはさておき、米ソ冷戦がもう現地ではすぐに始まってしまうんですよね。ベルリンでもそうですし。ベルリンでも結局、米英仏の占領地域は行き来自由でも、ソ連区域には行かれなくなっていた。三十八度線もそれと一緒です。

韓国史の二つの闇

倉山　韓国の近現代史のポイントは二つあって、一つは李承晩《りしょうばん》がどこにも出てこないことです。これが実は韓国史の最大の闇です。あれを建国の祖としたくない、あれだったら金一族のほうがましだということです。しかも、蛇《じゃ》の道は蛇《へび》というか、ウッドロー・ウィルソンと面識があったそうです。

宮脇　韓国人自身も本当に嫌なんですね。アメリカもそんな奴を送り込んでひどいものですけど。

倉山　そして、もう一つのポイントは、前述した韓国の検定教科書にある、一九三二年の朝鮮革命軍と中国義勇軍が力を合わせて日本軍を大きく打ち破ったという戦いのことを、日本人の親韓派がまったく紹介していないことです。さすがに日本語でそんなことを書いたら嘘だと言われてばれてしまうので、出版社が許さないのでしょう。

宮脇　でも、韓国だと、先に言ったように、これ一冊でわかる『朝鮮王朝実録』という、それこそ二千巻近いものを一冊にまとめた本が二百万部売れたと抜け抜けと書いてしまうん

李承晩

ですよね。彼ら自身、自分たちの書いたものを、数字も何も一切信用していません。もともと歴史は最初から政治の一種だったので、そうとしか思っていないのです。力のある人間が書き換えるものだということを信じているので。

倉山　まさに儒教的な、最後に勝った奴が好き勝手書いていいという。学問ではなくて、ファンタジーです。

宮脇　だから、日本がどんなに本当のことを言っても、それは日本に都合のいいことだけ言っていると向こうは思い込んでいます。完全なカルチュラル・ギャップです。こちらが全部本当のことを言って、さあ、だからわかるだろうと言ったところで、絶対に向こうにはわかりません。それはもう、全部日本に都合よく書き換えて、あまりにも上手く書き換えたからほころびがないんだと思うだけです。それぐらい日本人は悪い奴だと本当に思い込んでいるので。

金日成とは？

倉山　実態はどうかというと、彼らの中で、アメリカに媚びようという派とソ連に頼ろうという派の内ゲバが激しすぎて、結局相手にしてくれたのはスターリンの手下の金日成だけ。それすら怪しいですけどね。この時期の金日成は特定の人物を指した固有名詞ではないので。キャプテン・ハーロックと一緒で、ファンタジーです。

宮脇　日韓併合の前から、「金日成という偉い将軍がものすごく反日で頑張ったそうだ」というヒーロー物語、英雄物語ができていました。日本の陸士を出ているそうだとか、噂の出所によって出身の話まで違っていて、でもみんな、金日成という名前を聞くだけで、ああもう英雄だと思った。

倉山　だから、今の蛇頭《じゃとう》と一緒です。あれを固有名詞だと日本人は思っていますが、一般名詞ですから。

宮脇　ねずみ小僧次郎吉のようなものです。金日成という名前がずっと庶民に知られていて、それで金日成を語る人間が何人も出たわけです。もともと本当にいたかどうかも怪しいんですが。

そして、その最後にソ連がこいつだと言って連れてきたのが、あまりに若くて朝鮮語もできなかったのでみんな嘘だと思ったけれど、そう言った人は全員処刑されてしまったのでそういうことにしたという。いくらなんでも、そんな若い人がそんな古い時代から活躍していたわけがないと、みんな知っていたし、警察署を襲った時に一緒にいた人たちが「この人じゃない」と言ったけれど全員殺されてしまったという話です。

倉山　関東軍の史料が防衛研究所にいくつも残っているのですが、初代金日成の首を取ったとか、何代目の人がいたとか、ウータラカータラあるんですよね。市川團十郎というのと一緒で、海老蔵が團十郎になったりするわけです。言ったもの勝ちですから。

昭和十七年の講演録というのが残っていて、「いや、こんな世紀の大戦争をやっている時」、当然対米戦のことですが、「満洲で金日成ごとき匪賊討伐の話をするなんて恥ずかしいですね」というのがあります。そんなレベルです。

宮脇 そして、その一番確からしい金日成は、まず一九三七年、満洲国から国境を越えて朝鮮の普天堡の町に奇襲をかけて有名になり、一九四〇年に満洲の警察部隊を全滅させて、最後は沿海州に逃げていったという記録が残っているんです。日本人はまじめだからいろいろなことを書き残すし、満洲国というのはちゃんとした国なので、襲われた話だって、何人死んだとか、匪賊が何人来たとか、あれは金日成だというのが記事として残っています。その時、討伐したけれど金日成を捕まえられずに、国境を超えて逃げたという話が記録に残っている。

それで、最後に日本が負けたあと、逃げてきたのはこれだというのをソ連が連れてきたわけです。

テロと内ゲバの抗日

倉山 北が金日成なら、韓国の教科書が正史として描くのが金九《きんきゅう》（一八七六〜一九四九年）なんです。何をやっていたかというと、北の方では、さっき言ったようなフィクションの戦闘記を金日成とそのお仲間たちがやっています。では南の連中が何をやっているかというと、金九がテロをやるんです。一九三二年のお正月に昭和天皇暗殺未遂事件（桜田門事件）を起こすとか、上海事変（一九三二年）の時にテロをやったとか。ひたすら、テロ、テロ、テロ、テロ。テロしかやっていないので、別に何も戦っているわけじゃない。

ちなみに、韓国の教科書によると、韓国系は大きく四つに分かれていたらしいです。一、金九と韓国独立党。二、呂運亨《りょうんこう》（一八八六～一九四七年）と朝鮮建国準備委員会。三、李承晩と韓国民主党。四、その他。ひたすら内ゲバをやっていて、主流は当然金九、李承晩は実績ゼロです。

金九

呂運亨

李承晩（一八七五〜一九六五年）　朝鮮の独立運動家で、大韓民国の初代大統領（在任一九四八〜一九六〇年）。一九五二年、李承晩は海洋資源の独占、領土拡張を目的とし、独断で公海上に突如設定した排他的経済水域である「李承晩ライン」を宣言した。これに違反したとされた漁船は韓国側によって臨検、拿捕、接収、銃撃を受けるなどした。銃撃により日本人乗組員が殺害される事件も起きた。

結局、金九が一九四五年以降も主流だったけれどアメリカに楯突いたので、都合がいい李承晩のほうを据えています。

宮脇　とは言っても、誰も朝鮮の中にいないんですよね。金九はどこにいたんでしょう？

倉山　金九はまったく朝鮮に入っていないわけではないですが、基本的には外でテロをやっています。李承晩はアメリカで何もしていないですね。本当に何もしていない。

金九も金九でいい加減で、昭和二十年八月に、「あ、今からアメリカから武器を受け取って戦おうとしていたのに、日本が勝手に負けてくれた」、「倭敵が負けた！　せっかく今から戦おうとしたのに」と言うんですよ。どうしようもない連中なんです。日本国内で昭和天皇暗殺未遂という、とんでもないだいそれたテロは実行しましたが。

ちなみに、韓国の教科書の単元ごとのまとめでは、金九は三章連続で出てきますが、李承晩は全然出てきません。南は金九が主流派で、李承晩はあとから乗っ取った奴です。金九もたいてみんなそんなものですが。「人物で見る歴史」というところを見ると、洪範図《こうはんと》という、何か革命家っ最後スターリンに中央アジア送りにされてしまった人物の話が延々書いてあって、李承晩がどこにもいない。本当に何もやっていないので書きようがない。アメリカにいるんですもん。

圧倒的多数の朝鮮人は「反中親日」。二千年間で唯一「反中親日」になっていた時期です。

宮脇　満洲事変から、日本が負けるまでの間ですね。それなのに、こんなに好きになってあげたのに負けたというので、彼らはそれでもう裏切られたと思ったわけです。「こんなに入れ込んだのに」というので、日本を大嫌いになる。自分たちは何の努力もしないで、要するに見る目を間違えたことが自分たちで許せないんです。日本に賭けたということ自体を許せないので悪く言う。日本のことをいいと思った時期があったことを許せないというのが今の気持ちなんです。だから、それなら最初からアメリカの植民地になっていたらよかったのに、というセリフになるんです。そうしたらアメリカの一番の家来でいられたのに、と。

倉山　「今から戦おうとしていたのに日本が降伏した」って、本当にお前ら何もやっていないんだという証拠ですよ。アメリカ人は彼らの助けなんてまったく要らないと思うんですけど。アメリカ陸軍省と約束ができていたとも書いていますが、多分そういう話を持ちかけようと、金九の脳内で思っていたぐらいですね。

一九四八年までの三十八度線の南

倉山　日本ではGHQは、民政局が日本政府を通じて間接統治をしています。朝鮮ではホッジがいた時は、日本本土と同じように間接統治にしておけばいいやと、阿部信行《あべのぶゆき》朝鮮総督以下、日本人スタッフをそのまま残しました。ところが、朝鮮人がいろいろな独立運動とか人民共和国宣言とか勝手なことをやり始め、「せっかくアメリカ様が勝ったのに、何で俺たちには自治がないんだ」と騒ぎ出します。ホッジのあとに行ったアーノルド少将は、軍政庁というものをつくって直接軍政を敷くことになります。

アメリカもソ連も、「日本帝国主義の下で奴隷化されている朝鮮人を解放する」という建前なのですが、大前提として圧倒的多数の朝鮮人は日本にシンパシーを持っていて、意識は日本人なんです。一部の政治運動をやっている金九とか、あるいはロビイングだけやっている李承晩とか、こういう連中が反日を徹底的に煽る。この連中のいうことを聞かないと、日本人になってしまっている大多数の朝鮮人の日本人へのシンパシーを切れないので、朝鮮を独立させなければいけない。それには朝鮮から日本人を排除しなければいけないだろうということで、朝鮮総督府のスタッフ全員を解雇してしまいます。

日本人がいなくなると、朝鮮を直接軍政で統治するしかなくなってしまいます。結局アメリカ軍政庁でも日本人の旧総督府の人間を顧問に雇っているのですが、そうすると、「親日分子の粛清が不徹底である」と非難される。

李承晩《りしょうばん》と金九《きんきゅう》と呂運亨《りょうんこう》が鎬《しのぎ》を削った挙句、結局、李承晩が二人を暗殺して勝ってしまうのですが、彼はアメリカに取り入るために強烈な反共を主張するんです。アメリカ本国でホワイトハウスがどんなに真っ赤っ赤でも、現地にいる米軍は、目の前にソ連軍がいるのでリアルにわかるわけです。彼らに媚びるために李承晩は「俺が一番反共だ」と言う。

金九なんていうのは、はっきり言って、大陸の誰に指令されて上海事変やら天皇暗殺未遂やらやったかわからないようなテロリストなので、「私のほうが反共ですよ」と売り込んで、結局は李承晩が勝ち残った。そして、謎の暗殺事件が次々と起きるというのが、四五年から四八年の南の状況です。

一九四五年から四八年に関しては、二つのことを特筆大書しておかなければいけません。一つは、委任統治を始めるより前の一九四五年一月に、イギリス外務省とアメリカ国務省がアーノルド・トインビーを委員長にして特別報告を出しているんです。将来どうやって朝鮮を統治するかについての報告なのですが、「こいつらに自分で統治する能力はない」と言い切っています。「現代国家を管理する十分な政治的経験を持たず、専門的な意味での行政機能を遂行できない」と。その通りじゃないですか。

民族自決などの理念を掲げて、日本帝国主義の奴隷だと言いながら、日本人を使わないと統治ができない。トインビーという人はあまり好きではないですが、実務的にはこの人の言うとおりでしょう。

もう一つは、本当に韓国人は李承晩が嫌いなんだなという事件があります。一九四八年の四・三事件で、済州島《さいしゅうとう》で李承晩は大虐殺をやっています。済州島の公務員も、何をやっているのか。

四・三事件　一九四八年四月三日、在朝鮮アメリカ陸軍司令部軍政庁支配下にある南朝鮮の済州島で起こった島民の蜂起にともない、南朝鮮国防警備隊、韓国軍、韓国警察、朝鮮半島本土の右翼青年団などが、およそ6年間にわたり引き起こした一連の島民虐殺事件を指す。島民の五分の一に当たる6万人が虐殺されたといわれている。

総選挙と憲法をどうするかということで、アメリカ型大統領制にするか、議院内閣制にするかで揉めているんですが、李承晩はアメリカかぶれなので、アメリカ大統領のようになりたいと主張しています。しかし、一人が独裁権を持つようにしたいというのがありありでした。法の支配がないところでアメリカ大統領制をやったら独裁をやるしかないし、そもそも法という概念が李承晩にはありません。支配あるのみです。

そこでみんなが反対して、李承晩反対派は集団指導体制のようなつもりで議院内閣制を主張する。国会議員の選挙によって大統領を選ぶというような間接大統領制にするという妥協案が出たりして、国のあり方をどうするか、朝鮮風に言うと誰が独裁権力を握るのか、握らせないのかというので、ものすごく深刻な暗殺付きの政治対立があるんです。

そういった中で、済州島は「日帝三十六年がどうこう言うなら李氏朝鮮はどうなんだ」というような連中ですから、真っ先に弾圧されたわけです。朝鮮の地方対立の中で一番悲惨な例です。

実は李承晩は総選挙をやりたくありませんでした。ところが、民主主義かぶれのアメリカに「選挙をやらないと援助をやらないぞ」と言われるので仕方なくやると、いつものアメリカ投票箱民主主義のとおりになるんです。何の前提条件もないところで、いきなり投票箱を持って選挙だと言ったら殺し合いになるという流れです。さらに十月十九日、麗水《れいすい》・順天《じゅんてん》虐殺事件というのが起きます。

五・一〇総選挙　一九四八年五月十日、連合国軍の軍政下にあった朝鮮半島南部単独で制憲国会を構成するための総選挙が実行された。国連臨時朝鮮委員団の監視下であったが、六百人を超えるテロ犠牲者を出した。制憲国会は李承晩を議長に選出し、八月十五日、李承晩を初代大統領とする大韓民国の樹立が宣言された。

麗水・順天虐殺事件　一九四八年十月十九日、済州島で起きた四・三事件鎮圧のため出動命令が下った全羅南道麗水郡駐屯の国防警備隊第十四連隊で、隊内の南労党員が反乱を扇動、これに隊員が呼応し部隊ぐるみの反乱となった。反乱は隣の順天郡にも及んだが、同月二十七日に鎮圧された。事件処理で反乱部隊に加えて、非武装の民間人八千名が殺害された。

つまり、一九四八年は、四月三日に済州島で虐殺をやって、五月十日に選挙をやって、八月十五日に大韓民国が成立して、さらにまた十月十九日に虐殺があるんです。ともかく、李承晩は権力を握ったら住民虐殺しかやらない。さらに朝鮮戦争の最中にも釜山で住民虐殺をやっています。

宮脇　韓国建国してから、そのあとでも虐殺がある？　どういうことでしょうね。何でそんなことをするんですか？　釜山は自分の側でしょう？

倉山　そうですよ。だからもう、そういう人というか、反対派に引きずり降ろされるのが怖くて、ひたすら恐怖で、だからこそ暴力団を使って政敵を暗殺しているんです。あとで朝鮮戦争の時にお話ししますけど、彼はまともな戦争指導を何一つやっていません。

宮脇　もう李氏朝鮮時代じゃないんでしょ。これは戦後の話でしょ。しかもアメリカが一応後ろにいたんでしょ。それが問題ですよ。アメリカは見ていたんですよね。アメリカの責任はどうなるんでしょう。

倉山　かなり重いです。カンボジアでも同じことをやっていますし、不作為犯です。基本的にほったらかしです。一応、南朝鮮労働党の武装蜂起が原因だと韓国の近現代史の教科書には書かれていて、実際そっちも本当なんです。しかし、根本的には李承晩に統治能力がない。ひたすら反対派の粛清、粛清、粛清で、関係がない住民も常に殺しまくっているんです。

しかも、この本（『現代朝鮮の興亡―ロシアから見た朝鮮半島現代史』A・V・トルクノフ他　明石書店　二〇一三年）ですごいのは、韓国国軍の中に警察まで含めているんですね。つまり、李承晩に警軍分離、警察と軍隊の分離という概念がない。中南米の独裁者とまったく一緒なんです。

アメリカとしては、そういう奴らを相手にするのに慣れているので、李承晩というのは扱いやすい人間ではある。アメリカ大統領制で警軍分離ができていない暴力装置を全部持たせたらこうなります。しかも、軍隊と警察だけでも足りずに、私兵として暴力団を持っている。それでも反対派が減らないぐらい人望がありませんでした。

宮脇　でも、この時は、つまり北の手がすでにあちこちに入り込んでいたというふうに一応考えているわけでしょう。八月に大韓民国ができてしまったので、九月九日に北の方は朝鮮民主主義人民共和国ができてしまうわけですね。韓国の憲法は、最初から南北とも全部韓国だと言っています。だから、両方が、もう現実なんてまったく考えず無関係に国をつくっています。どちらも「うちが国や、あいつらはテロリストや」なので、最初から完全に歴史の捏造です。日本に対して言ってくるようなものだけではなく、自分たちでもやっているわけです。

倉山　四五年から四八年の間は、南はアメリカ、北はソ連の信託委任統治という形で、正式な独立の時には同時に統一朝鮮でやろうという委員会も実はつくっています。だから、四八年の五・一〇の総選挙の前にも、北でも選挙をやろうと言い出すのですが、そんな話がまとまるわけがない。金日成《きんにっせい》もノコノコとその委員会に出てきたりしています。

宮脇　一九四九年六月三十日、北朝鮮労働党と南朝鮮労働党が合併して朝鮮労働党結成。つまり、南にも朝鮮労働党があることになっているわけです。その人たちに対する弾圧ということで、韓国は虐殺をしまくるということですね。つまり、南は北と一緒になりたい人たちがウロウロして、いろいろな工作をするので、それを抑えようということではある。そして、金日成はその党首の中央委員会委員長に選出されています。選出と言ったって、どうやって選出したんでしょうね。

倉山　日本史の立場からすると、日帝三十六年と、一九四五年から八年までの三年と、どちらがましだという話ですが、こっちのほうが圧倒的に悲惨です。日本人は住民虐殺をやらせていないですからね。

はっきり言って、日本は国を挙げた人道支援みたいなことをやっていた。もう一つ日本史の立場から言えるのは、この期に及んでさっき言った日本人顧問だけが統治してまじめに仕事をしている。アメリカ人と韓国人、ソ連人と朝鮮人、みんなでたらめです。

宮脇　併合時代は餓死もないんですからね。一九四五年に各地方の役所から日本人がみんな追い出され、去っていなくなりました。それでみんなで送別会をするのですが、日本人の送別会の時はお茶とお菓子だけの茶話会なんですって。それで、そのあとに元両班だの何だの、朝鮮人の役人がどっと来たら、もう、妓生《キーセン》を出せの、料理がどうのと周りの人間に言ったので、初めてそこで「日本の役人にはこんなのいなかったなあ」という、そういう話は結構あります。まだいろいろなところに日本人が残っていましたし。

日本人は本当に粛然と飛ぶ鳥後を濁さずに去っていったし、きちんとしていて酒なんか役所で一滴も飲まなかった。お茶しか飲まなかった。ところが、朝鮮人の役人が来た途端に、元通りの両班の世界に戻ってすごかったそうです。あれ出せ、これ出せ、女出せ、宴会だって。

同じ頃、三十八度線の北では

宮脇　北のほうがもっと問題です。北朝鮮に関する日本の研究というのは、右も左もいろいろな立場で、たくさんの人たちがやっています。和田春樹のような左の人でもやっぱり日本人なので、材料やら史料やらを丁寧に当たって、あるところまでは本当のことが書いてある。結構洗いざらい書いてあります。ほかにまとまった資料もないので、一応このウィキペディアの「金日成」も使って話していこうと思います。

倉山　ウィキの出典は何でしたっけ?

宮脇　これがすごいんですよ。みんなでものすごく書き込んでいます。注が三十四ついていて、それぞれの文献が全部ちゃんと挙がっています。『金日成評伝 新装版―虚構と実像』(許東粲　亜紀書房　一九九二年)とか、『朝鮮戦争前史としての韓国独立運動の研究』(佐々木春隆　国書刊行会　一九八五年)とか、それから、『在外邦人引揚の記録―この祖国への切なる慕情』(奥村芳太郎編　毎日新聞社　一九七〇年)の中の、「私は金日成首相の小間使いだった」という金日成のお手伝いさんをしていた日本人女性の文章とか、なかなか読ませます。あとは、『金日成は四人いた』(李命英　成甲書房　二〇〇〇年)など、いろいろなものから抜いていて、結構ちゃんとした研究も引用しています。

金日成は複数いたという話を前にしましたが、そもそもが、日韓併合前から反日運動をしていたパルチザンに金日成将軍という人がいたらしいとか、「反日だったら金日成」みたいに知られていた名前です。ソ連が連れてきた人は金成柱という名前だったとはっきり書いていて、最初は違う名前なんです。それが最終的に政治家として金日成となるだけで、しかも初めは金一星と書いてキム・イルソンと呼んでいました。しかもこれは公の名前だったのです。

ハングルにしてしまうと同じですから、どの漢字かわからなくて、みんな耳で聞いているだけなので、たいしてそれを重要視もしていません。金日成という将軍の名前だって倉山さんが言ったように、記号のようになっていたわけです。

もちろん、北朝鮮が公式に言っていることはまったくあてになりません。あとで書き足して直していますから、金日成が何年に生まれようが何をしようが、だいたいあてにならないと考えたほうがいいです。たくさんの人のいろいろな話をくっつけて彼のことにしてあるんですから。

もっとも、それは毛沢東だってそうです。いいことは全部その人にという、あとでつくった話ばかりです。ただし、金日成の人生というのは、日本側の史料、満洲側の史料、ソ連側の史料、中国側の史料といろいろあるので、それが上手くかみ合わないところが面白いですね。反証が出てきたりしますから。

要するに、ソ連が北に傀儡政権をつくるために連れて入ってきたのが今の金王朝の初代の金日成です。ところが、やってきた時、三十代であまりに若く、朝鮮語も上手ではないのでみんなが失望したんです。白髪の老将軍がやってくると思ったら、えらい若いのがやってきて、しかも、明らかに沿海州育ちだし、子供二人の名前はロシア語だし、それに、日本のお手伝いさんの証言によっても、ロシア式の生活をしていて、ロシア風の朝ごはんを食べていたというのがわかっているわけですよ。

倉山　ウィキペディアにははっきり、ソ連軍の将校だったと書いてあります。さすがにロシア人ではないですよね。

宮脇　そうですね。そのあと満洲にいたとか何とか、いろいろな話がくっついていきますが、どこまで正しいかわかりません。

日本人女性が見た金日成の話が非常に面白いんです。まず、息子はユーラとシューラと呼んでいたそうです。接収した日本人の邸宅に住んでいて、そのまま日本人をお手伝いさんに使っていて、親切ではあったようです。当時の日本人避難民の平均的な食事よりも豪華で、白米も鶏肉も食べさせてくれた。食事は割とまあまあだったけれども、あとの生活程度は非常に低く、トイレは新聞紙で用を足し、時にはボール紙で拭くので詰まるとか、日本の家を上手く使えていなかった。もちろん、当時のその辺には紙もろくなものがなかったでしょうけれど。

中国人が今でもずっとやっているように、外に捨てればいいんですけどね。トイレに流したら、絶対紙がつまりますから。要するに、そういうような人たちだったということで、決して日本の生活を経験した人でもなく、満洲で抗日をやったとも思えず。朝鮮の中で育ったわけでもない。

しかし、一応この金日成は北朝鮮の歴史で言えば満洲派ということになっています。抗日にもさまざまな派があって、中国の中で抗日しているか、朝鮮の中で抗日しているか、満洲でやっているか、ソ連でやっているかと、四派あるわけです。

みんなそれで食べていたわけですから、だいたいどこかの紐付きで、どこかとくっついているのが普通です。延安派や蔣介石の重慶派というのが中国です。満洲の中の抗日は、前に言ったようにコミンテルンが朝鮮での組織づくりに失敗したので、満洲の中に組織をつくる時、朝鮮独立運動ではなく、中国の中の一派としてつくっています。モスクワから見たら満洲というのは中国のコミンテルン、中国の側と見做していて、朝鮮人を中国人の下に置いています。

倉山 満洲事変の章で触れた韓中連合軍は蔣介石が重慶で飼っていた金九を指しているので、重慶派ということになります。ところが金九の名前を出すと李承晩が正統ではないことになってしまうので、李承晩は褒めたくないけれど、金九も正統にしたくないから隠している。それで、単に中国・韓国と言って、ごまかして、読者にはわけがわからないようにしています。

すごく基本的なことを言うと、満洲はロシア人が普通に歩き回れるんですよね、当たり前のことですけど。白系ロシア人に化けて、いくらでも入り込める。共産党のスパイの赤色ロシア人もまったく怪しまれずに行動できます。

宮脇　朝鮮人は、つまりここでも自分たちだけの組織を持っていないわけです。それで、ソ連が金日成を傀儡として連れて入ってきた一九四五年のあとで、北の中でものすごい権力闘争になるのです。

そして当然ですが、朝鮮戦争になる前から粛清が始まっています。「外からは満洲派とソ連派は一緒に見えた」と書いてありますが、要するに、北朝鮮の中で抗日を頑張っていた人は、邪魔なので全員粛清されるわけです。本当はその人たちに正統性があって、自分たちは外国に逃げていた。だから、まずその人たちを粛清したんです。

当時すでにソ連国籍の朝鮮人がいました。沿海州は一八六〇年からロシア領ですし、一九一七年にロシア革命があって、二二年にソ連ができてという時には、もう結構な人数の朝鮮人がソ連人になっていました。

しかし、スターリンはその人たちが日本と組むことを非常に恐れたので、沿海州の朝鮮人全員をカザフスタンとウズベキスタンに強制移住させています。行ったきりの人もいますが、モスクワに忠誠を誓った人たちはロシア語ペラペラでモスクワの言いなりに動いて、あっちに行ったり、こっちに行ったりできるんです。コミンテルンと同じで自由に動けます。そして、金日成の周りにこの人たちが送り込まれてきていました。親ソ共産主義政権をつくるために、ソ連に忠誠を誓っている朝鮮人がたくさん来ていたわけです。

延安派の朝鮮人は共産党の援助で抗日闘争を展開していて、満洲に住んでいたけれど毛沢東にくっついていた人たちです。このように、みんなどこかにくっついていたんです。

倉山　金九は重慶派だから来られちゃ困るというわけですね。日本が八月十五日に降伏してから彼らの内ゲバの本番で、結局最後に、南ではアメリカとくっついた李承晩が勝ち、北ではソ連の傀儡《かいらい》の金日成が勝つ。

宮脇　満洲派は、まず南、つまり韓国のほうの出身の共産主義者、労働派、労働運動派、反日派、共産主義者を排除し、つぎに延安派を排除しています。その間、ソ連から来た人たちは金日成と組んでいたけれど、金日成はやがてソ連派も排除しました。ソ連派だけは殺される前にみんなソ連に逃げ帰っています。

そして結局、朝鮮労働党初代政治委員で生き延びたのは金日成だけ。要するに、一九四五年からあとどっと入ってきたさまざまなところの紐付きの人たちの中で、金日成はめでたく一人だけ生き延びた。上手だったんです。

でも、権力集中に関しては、「金日成は一九七〇年になっても、まだ万全の体制ではなかった」と書いてあるんですけど、これは妥当な言い方ですか？

倉山　反対派を完全に粛清しきれていないということでしょうね。二十五年も独裁者をやっていて、万全じゃないって、どういう政権ですか。そんなわけがないんですが。

宮脇　ウィキによると「一九七二年、憲法を改正し、金日成の権力集中が法的に正当化されたが、それ以降も粛清が展開された」ですって。

倉山　猜疑心が強かったんでしょうね。経済が上手く行かないから常に不満分子がいる。アメを与えられないので、ひたすらムチを与え続けるしかない。金日成の時代には、やっぱり本物の歴史を知っている人がまだ生きていますからね。朝鮮人は、絶対こいつは偽物だとなんとなく知っているじゃないですか。心の中で思っているだけですが。

宮脇　だから、その間は金日成の権力は盤石じゃなかったわけですよ。でも、本当に「え、違うよ」とか言った人はすぐに捕まって、粛清されています。

つまり、金日成が満洲で抗日をしていた、日本に対する反日だったということは、とても大事なエピソードで嘘をつけないので、中央の延安なりコミンテルンなり、上の指示を無視して少人数でソ連に逃げたというのは正史になっています。それで生き延びて四五年に朝鮮に戻ってきたと。

ここは日本側の史料があるので、これ以上いい恰好ができないんです。和田春樹みたいな人でもそうなんです。

ただ、偽者説に関しては、最初、日本の左翼あるいは親北派はものすごく抵抗して、満洲にいた人と北朝鮮の主席は生まれたのも同じ日、何もかも同じだったと一所懸命書いています。さすがに辻褄の合わないことがいろいろあるようですけれど。

倉山　それはそうですよね。朝鮮戦争は南が攻めかかったと言い続けた人たちですから。

スターリン対毛沢東

倉山　宮脇先生、ちょっと基本的な事実の確認なんですけど、みんな、スターリン⇩毛沢東⇩金日成を縦の指揮系統だと思っているらしいんです。でも、実際にはこうですよね（173ページの図）。

宮脇　そうです。私が『真実の満洲史』で書いているように、スターリンと毛沢東は化かし合いをやっておりまして、金日成は最初スターリンに南に攻めて行きたいと言ったら、スターリンがすごく渋った。それで金日成は毛沢東と交渉を始めました。

倉山　そして、パルチザン時代から、金日成と毛沢東の間の線がないのを除けば同じですよね。別に金日成は毛沢東の部下ではないですよね。

宮脇　はい、全然部下ではありません。そうなるのが嫌だからソ連側に行ったようなものというか、金日成自身がもともと中国と何の関係もありませんでした。ただ、周りにいた子分や関係する人たちの中に毛沢東とつながっている人や、満洲の人や、いろいろな人が集まって動き始めたので、中で権力闘争をしたわけです。それはもう中国共産党とまったく同じです。

中国共産党というのは、組織というよりも、ひたすら人間関係なんです。モスクワ派かどこ派か、どこと顔がつながっているか、みたいなことで、お互いに、どっちが金をたくさん取ってきたの、上だの下だので大騒ぎするのであって、副主席だとか何だとか役職があったとしても、そんなことは全く無関係です。役職と無関係に勝手に動くのが大陸の人間関係です。

ですから、金日成はスターリンと仲がいいことを使って毛沢東と交渉した。毛沢東とスターリンは本当に二十世紀最大の化かし合いで、二人とも煮ても焼いても食えない人たちです。

倉山　習近平《しゅうきんぺい》とプーチンって、一応、二つも同盟条約を結んでいるんですけど。

宮脇　あの二人からすれば、やっぱり習近平もプーチンも小物です。

倉山　でも、あの二人に張り合えるのはまずいないので、ちょっと別格として。

宮脇　あちらの大陸の政府は、いつだって人間の器量が大きくて嘘をつくのが平気という人たちしか生き残らないので、最終的に首脳同士の化かし合いに入るわけだけれど、毛沢東は結局スターリンに勝ったんですよね。すごいですね。スターリンは朝鮮戦争の最中に暗殺されてしまいましたから。

倉山　スターリンは暗殺なんですか？

宮脇　暗殺だという噂です。あんなに最後の最後まで暗殺を恐れていたんですよ。朝鮮戦争の最中に死んでしまうんですから、怪しい。彼にしてみれば、がっかりじゃないですか。

倉山　暗殺の噂は確かにありますが。ともあれ、スターリンが死んだから停戦できた。最終的に毛沢東の勝ちですね。

宮脇　おかげで終わったんですから。そして、毛沢東は結局生き残って満洲を取ったわけです。しかも、修正主義と言ってフルシチョフを攻撃し、俺がもう世界中の共産党の一番だ、ソ連は修正主義に陥ったと言った。

倉山　これも後出しジャンケンで、フルシチョフがスターリン批判を始めた瞬間にそれをやる。待ち構えているんです。

宮脇　前にも言ったように、中国共産党というのは、陳独秀とか李大釗とか、比較的真っ当なところからスタートしているのに、毛沢東が全部乗っ取っていって、スターリンが送り込んだモスクワ帰りの優秀な人たちをみんな排除して、結局最終的に勝ち残っています。表だって見えないように、中国式の嫌がら

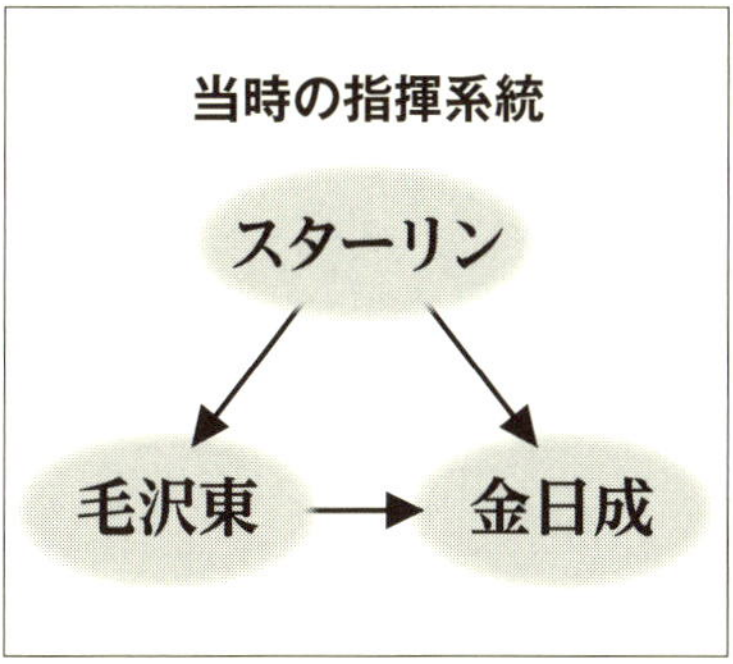

せをしたんです。外国から帰ってきた人は中国の内情は全然わからないわけですよ。奥地のこともわからない。農民のこともわからない。だから、戦争が下手だと言って彼らを見殺しにしたり、いろいろな手を使って、もう本当に『水滸伝』と『三国志』の世界です。結局、不利なところへ巻き込んだり追いやったり、僻地に回らせたり、上手を言ったりして、最終的に延安まで来たら彼一人だった。すごいことです。

長征なんて、わざわざあんな大回りしたのは、あれは全部ライバル蹴落とし作戦です。途中で、ものすごく行きにくいところとか、地の利の悪いところとか、天候の悪いところとかで、援軍を送らずに一人ずつ見殺しにしていって、「あいつらは中国がわからないから戦争が下手だった」と言う。

毛沢東は本当にすごい。そしてそれをスターリンにも使ったわけです。スターリンはイライラして頭にくるんだけど、その相手はやっぱり違う人種であり、違う背景の人数を抱えていて、あの手この手でくる。毛沢東がいなかったら、満洲はソ連になっていたはずですから。朝鮮戦争が終わるまで満洲はソ連です。朝鮮戦争のせいで「中国軍がいなかったら勝てなかっただろう」「兵隊を出したのは中国なんだから」と、中国が満洲を取り上げたわけです。

倉山　国共内戦のために毛沢東が延安からモンゴルを通って真っ先に満洲に乗り込んで行ったんですね。蔣介石と戦うから物資をよこせと言って日本軍が置いていった武器と物資を全部持って南に攻め込んでいきますが、満洲にも一応残しておいた。それでスターリンが死んだあと、結局ドサクサに紛れてもらうと。

宮脇　前にちょっと言ったと思いますが、ソ連は満洲帝国皇帝の溥儀をまずハバロフスクへ連れていきました。弟の溥傑《ふけつ》から大臣から、みんな捕らえて行ったんです。あれはもう本当にソ連傀儡満洲国をつくる準備でした。だって、ソ連にしてみたら、日露戦争が腹が立ってしょうがないわけですよ。やっと日本を蹴散らしたのだから、満洲はソ連だって思うじゃないですか。日露戦争で日本さえ来なかったら、満洲はソ連だったんです。

それでソ連は日本を追いやるために、それこそ宣戦布告でも何でもして、アメリカと仲良くして見せて、そして一気に北朝鮮までガーッと来たわけでしょう。旅順・大連もその時取り返したんですから。

旧東清鉄道を基にした満洲国鉄と満鉄は別なんです。満鉄は会社で、満洲国ができた時に満洲国鉄全部を委託されました。それで満鉄が満洲国鉄をずっと委託運営していたんですが、それを全部ソ連が接収しました。ありとあらゆるものを持って帰るだけではなく、鉄道はソ連が運営していました。中国人は一応合弁という形でしたが、朝鮮戦争の時は、港も鉄道も完全にソ連の配下にありました。

東清鉄道　ロシア帝国が満洲北部に建設した鉄道路線。満洲里からハルビンを経て綏芬河へと続く本線と、ハルビンから大連を経て旅順へと続く支線からなる。現在の中国の鉄道路線のうち浜洲線（ハルビン‐満洲里）、浜綏線（ハルビン‐綏芬河）、哈大線（ハルビン‐大連）の各路線に相当する。

八路軍《はちろ》（支那事変期に華北で活動した中国共産党軍の通称）は、ソ連が満洲を抑えたあとで、自分たちの子分として、モスクワの言うことを聞くとみなして入れただけです。

倉山　関東軍は一切毛沢東とは戦っていませんね。関東軍が全員駆逐されて捕虜になってから、のうのうと毛沢東は入ってきただけです。「俺は今から蒋介石と戦うから、あんたは見ていていい」みたいなことを言って、ソ連が接収した武器を全部もらっています。

宮脇　ソ連がそうやって蒋介石の邪魔をしたのです。八路軍からすれば、ソ連に邪魔をしてもらったわけです。蒋介石が「だいたい、会議までやって正式な条約で中国の代表は蒋介石だとソ連も認めているじゃないか、だから満洲もよこせ」と言ったら、ソ連があれこれ難癖をつけて港を封鎖し、国民党軍、蒋介石軍を満洲に上陸させませんでした。それで、アメリカが重慶から兵隊を空輸しているんです。

すごいことになっていたんですよ。日本人はただ負けたというだけで、そんなことは普通の人は知りもしませんが。

スターリンにとっての朝鮮戦争

宮脇　朝鮮戦争開戦時の北朝鮮についてですが、「三十八度線を越えて、一九五〇年六月二十五日、北朝鮮軍が三十八度線を越えて南側に侵攻し」、ウィキペディアの「金日成」にもちゃんと書いていますね。「朝鮮戦争が始まった。南進の理由については諸説あり、スターリンの指示によるものであったという説、朝鮮人民軍の一部が暴走してしまったという説、金日成自身の指示があったという説がある」、金日成の指示があったのは当たり前でしょう。

「一説には、戦争が起これば南朝鮮の国民が雪崩を打って立ち上がり、祖国統一が達成されると南朝鮮労働党から聞かされていたということもある。当初、全土を制圧するかに見えたが、朝鮮人民軍は侵攻した地域で民衆に対し虐殺・粛清を行ったため」、同国民に対してですね、「民衆からの広範な支持は得られず、期待したような蜂起は起きなかった」。

そして、ソウルで突如として進軍を停止しています。それは中国軍のせいですよね。北朝鮮は何も関係していませんから。

倉山　一九五〇年六月二十八日にソウルで止まったのは、韓国史で「謎の三日間」と言われているらしいです。何か、宴会をやっていて進撃をやめたというのが多分正解であろうと。そして、いきなりスパイ狩りを始めたんです。昼はスパイ狩り、夜は大宴会。戦争中にやることか。敵正規軍を追撃しなければならないのに。

宮脇 やりそうです。九月にアメリカが反撃を開始すると北朝鮮軍は敗走して、金日成は自分の家族を疎開させたあと、平壌を脱出して通化に亡命してしまったんです。北朝鮮から逃げて満洲に入っています。逃げ出したことは内緒になっているそうです。

倉山 ダグラスくん（マッカーサー）が仁川上陸でまぐれ当たりをやってしまうんですね。通路は日清・日露戦争のままですが。

宮脇 「十月に中華人民共和国が参戦して中国人民志願軍を派遣したことによってアメリカを押し戻し」、「しかし、志願軍および朝鮮人民軍は中朝連合司令部の指揮下に置かれ、金日成が直接指導できる軍はもうなくなってしまった」。「人民志願軍」だなんて、嘘ばっかり。

倉山 もう完全に毛沢東の指揮下ですよね。当たり前の話です。

宮脇 「戦局は三十八度線付近で膠着状態に陥り、休戦交渉が本格化し、一九五三年二月七日、金日成は最高人民会議常任委員会政令により、朝鮮戦争における指揮功績を認められ、朝鮮民主主義人民共和国元帥の称号を授与され、同年六月休戦が成立して平壌に帰還した」。

それまでは北朝鮮にいないんです。すごいなあ。満洲抗日パルチザン出身者たちが金日成を取り巻いていて、その人たちが最初はほかの派を全部粛清していって、最終的にその中で金日成が生き残ったという順番です。

倉山　満洲にいた間に毛沢東と取引したんでしょうね。粛清は北も南も似たり寄ったりです。

宮脇　そうですよね。最初に粛清したのが南から駆けつけてきた労働運動家、次に延安派を放り出し、最後にソ連派を帰国させ、自分たちの満洲派、元満洲派と言われた、金日成がいたかどうかわかりませんが、そういうことにしてあるところという順番で粛清していきました。

倉山　金日成は結局、スターリンと毛沢東ばかり見ています。アメリカすら実は見ていない。だから、金日成が何か妄想を抱いて、「じゃあ南を武力統一しちゃおう」と行って、スターリンが「やめておけ」と言うのを毛沢東が「やれ、やれ」と言ってしまって、それで両方天秤にかけていきなり突っ込んでいった。勢い余って調子に乗って釜山以外全部抑えたと思ったらマッカーサーが突っ込んできて北朝鮮を全部取り返された。

マッカーサーもお調子者で、毛沢東が「やめとけよ」と言うのを鴨緑江まで来てしまったので、毛沢東が押し返したという、まあ、〝バカ合戦〟です。

そして、スターリンは多分、彼の心境なんて一次史料があるわけないのですが、彼の思考回路から考えて、最初は反対していたけれど、いざ始まったら、「じゃあアメリカを引き込んで毛沢東と潰し合いをさせよう。毛沢東が自らやりたいと言うんだから、どっちが勝ってもいいや」というところではないですか。スターリンからすれば、最悪、南満洲を捨てても構わない。

むしろ、実はウラジヴォストークを落とされる方が問題です。

　スターリンというのは、良く言えば細心、悪く言えば臆病なところがあるということを前提にしないと何もわからない人なんです。スターリンが日本の復活と現実のアメリカのどちらが怖かったかというのはとても面白いテーマになると思います。

宮脇　スターリンは日本をものすごく怖がっていましたね。やはり日露戦争の記憶というのはロシア人には大きかった。しかも、ロシア革命の時にシベリアまであれだけの人数で来た、もう一回あれをやられたらかなわないという気持ちはすごくありました。

中国にとっての朝鮮戦争

宮脇　朝鮮戦争の時、金日成は最初ソ連に寄って行って冷たくされました。ソ連はアメリカと張り合っているんだから、そんな勝手なことをされたら困ると思った。アメリカがどう出るかわからないし。それで毛沢東に言いに行ったら、毛沢東は「いいよ」と言ったんです。「軍を出してあげる」と。
　毛沢東としては満洲にいた親日派と内モンゴル軍が全部邪魔なので、もうとにかくどこかに出して殺したいわけですよ。だから、内モンゴルの軍隊はほとんど朝鮮戦争で死んでいます。

倉山　国共内戦が終わったところなので、口減らしのための侵略戦争という中国の法則ですね。負けても口減らしだと。

そもそもの朝鮮戦争勃発のきっかけは金日成のたわごとです。導火線は金日成、火をつけたのはスターリンと毛沢東でした。そして、毛沢東とスターリンは同盟国のくせに敵国のような交渉ばかりやっています。

この時、確か毛沢東が周恩来《しゅうおんらい》を連れて三ヶ月間モスクワに滞在しています。ソ連は蔣介石と一九四五年八月十四日にソ中条約を結んでいるので、それを自分たちと結び直せみたいな交渉をやっている。当然満洲も話題になっていて、満洲にはすでに高崗《こうこう》という邪魔者がいるわけなんですよね。

宮脇　毛沢東にとって邪魔者ということですね。溥儀が使い物にならないとわかったソ連は別の傀儡をつくろうとした。それで、ソ連がかわいがっている高崗を満洲のトップにして、上から落下傘で東北人民政府主席にしています。

倉山　何をやっていた人か、さっぱりわからないですよね。

宮脇　毛沢東が粛清したので消されてしまって、あと何も出てこないのです。記録ごと消してしまったんです。もう、苛められて、苛められて、自殺もさせられないで、いびり殺された。

倉山　公式記録はどうなっていますか。

宮脇　「一九〇五年、陝西省生まれ、共産党入党。第一次国共内戦で西北根拠地を建設するなど活躍。第二次国共内戦で満洲で活動」というプロフィールがあります。そして、「一九四五年、第七期党中央委員会第一回全体会議で中央政治局員に選出され、東北人民政府主席」です。ものすごく高い地位です。つまり、ソ連が気に入っていたということです。

倉山　昔の矢吹晋《やぶきすすむ》さんの本（『文化大革命』講談社現代新書　一九八九年）を読むと、毛沢東、朱徳《しゅとく》、周恩来、高崗で四大実力者みたいな言い方をしています。しかし、高崗の死に様がすごいんですよね。毛沢東、周恩来、その他諸々、朱徳、鄧小平、陳雲ら建国十大元帥全員で、北京に呼び出していびり倒すという恐ろしいことを。自殺未遂を起こしています。

宮脇　スターリンが死んでしまったとたんに、もう後ろ盾がないものだからいびり殺されたんです。最後は吊るしあげられて自殺ですね。一九五四年です。

倉山　やっぱり毛沢東とスターリンやヒトラーの違いがあります。スターリン、ヒトラーって、はっきり言って大戦略家ではあるけれど直接の戦争指導そのものは下手なんですね。グランドストラテジーはあるけど軍事戦略はない人なんですよ。毛沢東は実際のところはともかく、一応事実として、自分が死ぬかもしれない戦場を兵士と一緒に歩いているんです。ヒトラー、スターリンは執務室の中にいるだけなので、やっぱりその差なんですよね、毛沢東がスターリンに勝ったというのは。

朝鮮戦争の戦争設計は実に見事です。アメリカは地球の半分を味方につけてやっとこさ引き分けという、負けに等しい引き分けです。

宮脇　でも、ソ連はアメリカを朝鮮戦争に引きずり込むために、国連の安全保障理事会をあえて欠席しています。国連軍の参戦が可決されやすいようにしたんです。

倉山　それは韓国人の研究者が言っていた説ですね。『真実の満洲史』でも出てきた話ですが。

宮脇　アメリカの参戦はスターリンとともに毛沢東が望んだことで、スターリンと毛沢東の話し合いにより、人間は全部中国が出す、中国軍が全面的にやるということになりました。そして、人海作戦を展開して、殺したい軍隊をもう全部ぶち込んで殺したんです。それでスターリンに恩を売って、結局スターリンが死んでしまったあとは、満洲はもともと中国だからと、もうぐずぐずになっていく。何かいろいろあって、フルシチョフは面倒くさくなったんです。というより、とても政治的に敵ではありませんでした。

倉山　だから、気づきました？　朝鮮戦争なのに、いつの間にか朝鮮がいなくなっている。朝鮮戦争はスターリンと毛沢東の駆け引きがメインです。アメリカは常にそれに後手後手なんですよね。

宮脇　そのとおりです。アメリカは下手くそでした。毛沢東はフルシチョフに「東風は西風を圧す」、東の風が西の風を圧すと言ったんです。北朝鮮は相変わらず、別に何も生み出さないから、北朝鮮自体は何のアクターでもない。

倉山　毛沢東にとっては満洲を守るために北朝鮮が欲しかった。三十八度線が多少北にずれるぐらいは全然構わなくて満洲が目的なので、三十八度線がちょっと微妙に波型になったとはしゃいでいるアメリカ人はバカなんです。最低限の引き分けに持ち込む大義名分にすぎない。

毛沢東は、実は三十八度線より南に行かないと最初から決めていました。しかし、日本でも攪乱工作をやっていて、いろいろな暴動事件を起こしています。

これでやっと日本史の話になりました。吉田茂がなぜ警察予備隊から入ったかというと、将来は軍隊にするというのはあるにしても、喫緊の課題は治安問題が本当に大変なので警察予備隊でなければいけなかった。今は忘れられていますが。

宮脇　今の日本ではあまり表立っては見えなくなりましたが、当時、攪乱はすごかったですから。今だって精神的に攪乱されているわけでしょう。毛沢東はずっとやっていましたからね。毛沢東は本当に政治力がありますね。さすが中国人です。

朝鮮戦争時の韓国

倉山　その頃、李承晩は六・二五戦争（朝鮮戦争）のあと四・一九事件で、これは教科書に書くようなことですか？　みたいな話なんですが。今や韓国の教科書では朝鮮戦争は六・二五戦争なんです。もはや韓国戦争とは呼ばないのか。これだけ主観的なことばかり書いていて、何でこれだけが六・二五戦争という〝客観的〟な記述なのか。最近はとくに韓国は北朝鮮に甘いです。

六・二五戦争（朝鮮戦争）　一九四八年に成立した大韓民国（韓国）と朝鮮民主主義人民共和国（北朝鮮）の間で行われた朝鮮半島の主権を巡る戦争。一九五〇年六月二十五日、北朝鮮が、国境線と化していた三十八度線を越えて侵攻したことによって勃発した。西側自由主義陣営諸国と中華人民共和国が参戦し、朝鮮半島全土を戦場として三年間に及んだ。一九五三年七月二十七日、中朝連合軍と国連軍は朝鮮戦争休戦協定に署名し休戦に至った。

宮脇　それはやっぱり精神的に撹乱されているんですよ。共産主義はいつ頃からなのか、最初からなのか、本当に撹乱と人心掌握という、情報戦のマニュアルがしっかりありあります。

倉山　『韓国近現代の歴史』では、朝鮮戦争の次に李承晩が倒れる章になるんですけど、真っ先に何が書いてあるかというと、「六・二五戦争真っ最中の一九五二年、首都を釜山に避難。李承晩政府が国会を強制的に解散させるために釜山一帯に戒厳令を下し、国際共産党の資金をこっそりと受けたという疑惑で国会議員五十人余りを憲兵隊に連行した。国内外でこれを非難する世論が沸き立つと、国会解散はひとまず留保されたが、警察が国会を包囲した中で起立採決によって、いわゆる抜粋改憲案が通過した。なぜ李承晩政府はこのようなことを押し切ったのだろうか」というのが学習の狙いになっています。もうどうしようもない。韓国人は李承晩が嫌いなんです。

そしてさらに続くのはそのやり方で、すごいですよ。「戦争中に李承晩大統領は自らの私組織と何ら変わらない自由党を組織して、独裁政治を強化した」だそうです。ナチスと一緒で、暴力団が政党を名乗っている。その上で、「居昌《コチャン》で良民五百人余りを共産軍の嫌疑で虐殺した事件が暴露され、国民防衛軍事件が起きるなど、度重なる失政によって国会議員の支持を失ったため、国会で大統領を選ぶ間接選挙では大統領に再選されるのが難しかった。これに対し、李承晩大統領は暴力団を動員、国会議員を脅迫して大統領直選制を主な内容とする抜粋改憲案を通過させた」。

これが一九五二年です。五〇年から五二年にかけて、戦争中にこんなことばかりやっています。

さらに終わったあと四捨五入改憲というのをやっています。改憲に必要な百三十六票に一票足りなくて否決されたのですが、著名な数学者を動員して、「四捨五入を適用すれば通過になる」と言って改憲案が通過したのが四捨五入改憲です。頭が痛い。

朝鮮戦争

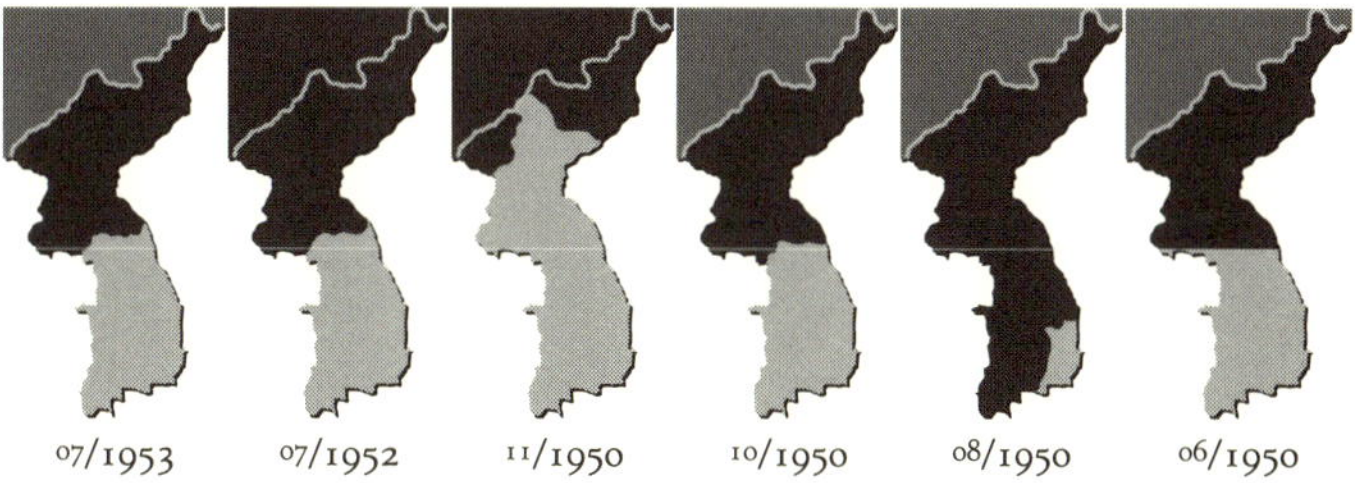

1950年6月25日　北朝鮮の奇襲により朝鮮戦争勃発。韓国側が釜山まで追い詰められたり、押し返して平壌を制圧したり、また押し戻されたりのアコーディオン戦争が続く。1951年7月から停戦状態、1953年7月停戦協定締結。その間およびその前後に以下の事件が起こった。

1950年6月から9月にかけて保導連盟事件。李承晩の命令により囚人・民間人などの大量虐殺が行われた。

1951年1月6日　江華島良民虐殺事件。韓国軍と民兵が、江華島住民を北朝鮮に協力したなどとして虐殺。

1月　国民防衛軍事件。韓国の国民防衛軍幹部が軍事物資や兵糧を横領したため、約9万人の韓国軍兵士が餓死したとされる。

2月9日　居昌良民虐殺事件。韓国陸軍第11師団が共匪パルチザン殲滅のためとして住民700人以上を虐殺。犠牲者の半数以上が15歳以下の子供だった。

1952年1月　李承晩ラインを宣言。日本漁船の拿捕、日本人漁民の殺傷・抑留が頻発する。

1953年4月　韓国が竹島を占拠。

7月　停戦協定。

1954年11月　四捨五入改憲。

宮脇　だから、日本人はこの頃、韓国のことは嫌いなんですよね。日本の知識人は李承晩のせいで韓国をバカにしきっていて、だから早く北朝鮮の統一が見たいというムードだった。李承晩ラインもあるし、竹島も取られたし。

倉山　仰るとおり、当時の日本は韓国が大嫌いです。吉田茂が「河野、スカルノ、李承晩」って言ったじゃないですか。河野一郎とインドネシアのスカルノも嫌いで有名でした。

李承晩ラインはいきなり朝鮮戦争の真っ最中に、李承晩が「ここはうちのものだ」とやった。ただそれだけで、日本が占領下なので結局何もできなかった。その後も日本が竹島を取り返しに行っていないという話です。朴正熙は竹島を、「じゃあ、そんなに問題があるのなら破壊してしまいましょうか」と提言しています。以後うやむやのまま先送りなんですが。うやむやというのは必ずしも悪くないと思いますけどね。外交問題というのは常にそういうもので、日本人は問題を解決しなきゃいけない病がひどすぎるんです。

宮脇　地図を見ると、竹島どころか、韓国は北朝鮮の領土まで全部入っているでしょう。北は北で自分のところが全半島を支配していると言うし、南は南で自分のところが全部と言っている。言った者勝ちの人たちなので。さすがに対馬は入れていませんが、でも、海の真ん中ではなく、対馬の海岸ギリギリまで来ています。本当だったら両方の中間線でしょう。日本人だったらそうしますよね。でも、そういうことは考えない。

日本にとっての朝鮮戦争

倉山　アメリカでアイゼンハワーが出てきて、ソ連はスターリンが死んでフルシチョフになったので和平ができました。南北朝鮮には何の自由意志もなかった。

日本にとっての朝鮮戦争の意味は特需と再軍備です。朝鮮戦争によって占領政策が前期占領政策と後期占領政策で大転換しています。そこで吉田茂という官僚出身の性格の悪い政治家が本領発揮して、マッカーサーがいないところでアメリカ本国に池田勇人と白洲次郎を派遣し、和平の話をまとめてくるんですね。

とにかく上司をたぶらかす外交をやらせたら日本一の吉田茂さんが「独立させなかったら日本で共産主義政権ができますよ」と弱者の恫喝《どうかつ》を始め、「その代わり安保条約を結ぶからその後も守ってね」みたいなことを言ってしまったので、ものすごく屈辱的な安保条約になってしまった。

宮脇　でも、そのあとそれをいいことに日本は経済発展しましたが。

倉山　吉田外交が限界だったと思いますけどね。アメリカの占領政策は、ドイツよりも日本に再軍備を許すほうが遅かった。アメリカがどれほど日本を恐れて抑えつけようとしていたか。朝鮮戦争を奇貨として占領体制を全部ひっくり返してしまうし、マッカーサーは満洲に原爆を落とすとかバカなことを言って首になってしまうし、そもそも鴨緑江に来るなよと毛沢東が言っているのに本当に行ってしまうし、全部ひっくり返ったのは朝鮮戦争のおかげです。
日本にとっては天佑《てんゆう》ですよ。朝鮮人の暴動なんて大したことなく抑え込めましたし。だから警察予備隊をつくらなきゃいけないという先ほどの話になって、日本にとってはバカな韓国人と朝鮮人のおかげで日本再軍備、いわゆる左翼の言う逆コース路線になります。それまで日本を農業国に叩き落とそうと無茶苦茶をやっていたのが全部撤回になって、経済大国に復活できる道が開かれた。昭和二十三年頃から復興が始まりますが、本格的には朝鮮戦争からです。
宮脇　私はこれこそ「禍福《かふく》は糾《あざな》える縄の如し」の典型に思えますね。いい目にあったら、やっぱりツケはちゃんと戻ってくるのです。軍備しないで経済発展したら、今の日本のようにこういうふうにツケが戻るということはありありです。
ここで上手くやって、やり抜けたら、そのぶんやっぱりどこかでまた歪みが出るという典型です。隣の国はずっとそこにあるわけですから。
倉山　そして、金日成と李承晩は何事もなかったかのごとくそれぞれの国で独裁者に戻ってしまった。何のための戦争だったのか。一番貧乏くじを引いたのはアメリカですよね。スターリンはやいのやいの言って、自分のものは何一つ取られていない。
宮脇　でも満洲をなくしましたよ。満洲がソ連でなくなったのは大きいです。

倉山　それをどう評価するかなんですけどね。

宮脇　絶対大きいと思います。悔しかったでしょう。毛沢東にやられたんですから。

そのお宝をつくったのは日本ですが、とにかく一九四五年に攻めてきた時にソ連は外せるもの、動かせるものは全部持ち帰っています。

倉山　その頃、満洲を取るのは天下を取ることだみたいな言葉が生まれています。木村武雄《きむらたけお》という田中角栄《たなかかくえい》の参謀のような人がいます。東亜連盟で石原莞爾の部下だったのであだ名が「元帥」という田中派の代議士ですが、総裁選などでも「満洲はどこだ？」とか、「中曽根派は満洲だ、七億円やれ！」みたいなことばかり言っていました。

宮脇　戦後の中華人民共和国建国時、南はもう内戦ばかりしていたので、工業生産の九割は満洲だったし、だいたい、大学のような近代教育の場所は満洲にしかありませんでした。もちろん沿海の外国人がつくった大学などはあったとしても、中国人が自分たちで教育するような施設は全然なかった。それこそ今の中国の芸能関係も元をたどればみんな満映出身だし、宇宙技術などの工学も先生は全員満洲出身者です。そこが近代化のスタートでした。

倉山　スターリンは極端な〝ビビリ〟で、フランスとイタリアの共産党を信じていたらスペイン以外のヨーロッパ全部取れたぐらいの勢いだったんです。ところが、まったく信用していないので西側に完全に取られてしまいました。満洲に関してはまだ同じ共産陣営だからいいやと思っていたら、フルシチョフの代になって完全に敵対してしまった。それをどの時点でもって評価するかなんですけどね。

スターリンは自分でアメリカと戦いたくない。毛沢東は、「どうせ人間はいくらでもいるんだ、口減らしだ」と言って突っ込んでしまう。

宮脇　政治家は自国民に対して非情な方が勝つわけですよね。でも、今アメリカが損したとか何とか言いますが、身から出た錆かもしれないけれど、結局やっぱり朝鮮・韓国人が一番貧乏くじを引いています。

倉山　何をやっていたかさっぱりわからない。六月二十四日に米韓合同で大宴会をやって、将官がみんな酔いつぶれていたんですって。北朝鮮侵攻の第一報をみんな二日酔いで聞いた。金日成のほうが奇襲としては完成されているんですよね。それなのに何で北朝鮮は三日でソウルを落として、そこで宴会を始めてしまうのか。日本にとってはありがたかったですけど。

朝鮮戦争後の李承晩

倉山　そして、李承晩のほうもまた独裁政治に戻るのですが、その後十年間持ちこたえて、失脚は一九六〇年になるんです。ただひたすら反対派を潰して、しかし「侵略戦争する能力がないヒトラー」なんです。唯一成功したのが李承晩ラインで竹島を取ったことです。救いようがない。

大爆笑したのが『韓国現代史―切手でたどる60年』（内藤陽介　福村出版　二〇〇八年）という本に出ている初代大統領李承晩切手で、投票日の前につくっています。一事が万事こんな本で、とても実証的なので大爆笑しました。何で投票日の前にそんな「初代大統領切手」なんかつくってるんだ、お前は？　フライングにも程がある！

ずっとそんなことばかりやっていて、学生とか大学教授とか、知識人層がデモを起こすわけですよ。当然韓国のデモなので暴動つきで、途中にある派出所で警官を拉致しながら行進するらしいんですね。これは全斗煥《せんとかん》時代までそうです。なぜかというと、逮捕された仲間を人質交換として交換するためです。

拉致は朝鮮半島の伝統なんですよ。中国のほうでも伝統になっているんですが、朝鮮のほうがもっとすごいです。だって、民主化側がやるんですよ。遵法精神がないので。

宮脇　遵法精神は本当にないですね。

倉山　すごいですよね。デモに高校生が参加したら、銃や催涙弾を発射して平気で殺して、事実を隠すために死体まで海に捨ててしまう。日本の樺美智子《かんばみちこ》さんの話どころではない。一応日本でも高校生が学生運動をやっていましたが、殺されてはいません。一人も殺されていません。

憲法判例を見るといろいろ興味深くて、日本でも高校生が学校に爆弾を仕掛けて逃げて、牧師に説教されて自首したというような面白い事件もありますが。

それはそうと、四・一九革命で学生数万人がソウルに溢れ、暴力団と大学生の乱闘が始まる。戒厳令を宣言し、それでも学生たちが収まらず、その時につくられたシュプレヒコールが「李大統領はただちに引け、不正選挙を二度とするな、殺人鬼を処断せよ」。

四・一九事件（四月革命）　一九六〇年三月に行われた第４代大統領選挙における大規模な不正に反発した学生や市民が起こした民衆デモによって当時、韓国大統領の座にあった李承晩が下野した。最も大規模なデモが発生した日が四月十九日であったことから、四・一九革命とも呼ばれる。

一九六〇年のことで、日本の安保闘争と同じ年です。日本の真似が好きなんです。その一週間後の四月二十六日に李承晩がハワイに亡命、十二年間国民を抑圧していた政府が倒れ、暫定内閣ができるというのが李承晩の終わりです。日本って平和だなと思いました。

第4章

南北分断と日本

上手く立ちまわった金日成

倉山　一九五三年にスターリンが死ぬことで、朝鮮戦争は停戦になり、わけもわからず韓国は元の李承晩独裁に戻り、腐敗と恐怖政治が続いて、怒った学生たちが四・一九革命を起こします。結局何のための戦争だったのかと。

その頃の北朝鮮は敗戦責任の追及をさせませんでしたね。

宮脇　金日成がライバルを全員順番に粛清していくんですが、朝鮮戦争の時、彼は中国に逃げているんです。吉林省に逃げていた。だから、金正日は吉林省の小学校に通っていたんです。

倉山　そうか。八歳ですもんね。

宮脇　そうなんです。先ほども引用しましたが、ウィキペディアの「金日成」が意外と面白かったです。本名金成柱《キムソンジュ》の金日成がソ連の援助で指導者になると言っても、最初の政治体制では首相です。一九七二年まで初代内閣首相なんです。そのあと国家主席になります。

今の金正恩《キムジョンウン》も最高指導者ですが、肩書は元帥、将軍、軍の指導者とかいろいろあって、よくわかりません。

なぜかと言うと、まず、金日成、最初の一世が一九九四年に亡くなるのですが、それからあと誰も主席にならないんです。四年後の九八年に朝鮮民主主義人民共和国社会主義憲法を改憲して金日成が「永遠の主席」になって、主席制度が廃止されたので、その後は絶対に金正日《きんしょうにち》を子供と言わない。つまり、公式には、血縁だから継いだのではない。一番正しく一番優秀な継承者であるとしか言わない。公には北朝鮮は世襲制を否定しています。つまり、一応社会主義ですから。

倉山　金正日は対外的には国防委員長でした。主席は永久欠番ということですね。やっていることは李朝そのものですが。

宮脇　嘘つきぶりにかけては北も南も最初からどっちもどっちで、言っていることとやっていることが全く違います。日本人はあまりそういうことを指摘しようとしませんが、金日成も金正日も英雄の称号を三回受賞して、三重英雄だそうですよ。

金日成

なぜかなんて、そんなことは全然わかりませんが。

一九四八年から七二年までは、金日成は首相で、七二年から国家主席です。その途中で、朝鮮労働党党首だとか、中央委員会委員長だとか、総書記だとか、何かよくわからない称号がいろいろ出てくるのですが、何のために変えたか外からはわかりません。でも、もちろん何かそれぞれの理由があって、反対派粛清をする時にどうだとか、こういう体制にしますとかいうことで称号を変えるんです。

北も南も朝鮮半島に特徴的なことは、自分たちは主体《チュチェ》思想だとか言っている割には、まったくどこかのコピーでしかないことです。

やっぱり劣等感ですよね。自分たちのところから何も生んでいないので、よその形を真似してきては、自分たちのところに移し替える。だから一番上の称号まで変えるんでしょう。

倉山　スターリンも同じように〝肩書きごっこ〟が大好きです。ところが、北朝鮮はファシズムですらないという意味不明な体制になりました。ファシズムというのは国家の上に一国一党の独裁党がある体制のことですが、北朝鮮は国家よりも政府のほうが上で、つまり搾取体制です。その政府をさらに党が指導して、党よりも軍のほうが実権を持っていて、さらにまた秘密警察が上に来て、その秘密警察を握っている党幹部がいて、さらにまた彼らを監視する軍秘密警察がいて、その上に今の三代目がいて、永久欠番の二代目がいて、永久欠番の初代がいる。国家なんて十番目くらいです。国家なんてどうでもいいという体制です。ソ連の斜め上をいっています。

宮脇　それは何なんでしょう。権力のためには何でもするというか、名前を変えていくという考え方なんでしょうか。古田博司さんによれば朝鮮人は正直だと言います。まず形をつくったりしないし、見栄も張らないし、全部自分たちの勝手にしたいことを言ったりしたりすると言っていますけど。

倉山　建前論が大好きなくせに、形式合理性がまったくない。結局どうでもいいんですよね。メンツが大事なだけで、その場の綺麗事を言っているだけなので。

五五年に主体思想をひねり出しますが、要するに権力闘争です。敗戦責任を追及しそうな人間を金日成が片っ端から粛清している。自分が戦争を始めたくせに、軍を粛清しまくっています。軍規律の低下に対して、飲酒や部下への高慢さが目立つとして片っ端から粛清しました。

宮脇　どうしてそんなことが可能なんですか。どうしてそんなに人を粛清することができるんでしょう。あんなぺーぺーで戻ってきて、権力闘争に勝つというのが不思議なんですが。

倉山　ソ連のバックで秘密警察的にやるんです。彼はファシズム体質・秘密警察体質で、北朝鮮の場合はファシズムもどきですけど、軍に対して秘密警察をぶつけるんです。ソ連の三権分立が党と秘密警察と軍だったじゃないですか。軍よりも秘密警察が強く、秘密警察より党が強く、党よりも軍が強いという力のバランスだけで。

宮脇　それだけで回っていて、それを上手に使うということですか?

倉山　はい。中国もそうですよね。党と秘密警察は基本的に一体ですけど。

宮脇　でも、中国の場合は広くて軍の規模が大きいから、しかも、それぞれの地方で軍同士のライバル関係というのがあるから、またそれはそれでバランスの取り方があるけれど。北朝鮮みたいに小さくて、人も少なくて、お金も少ないと、それで集中できたんでしょうか。

倉山　小さいほうがむしろやりやすいでしょう。

宮脇　始めは、もともと日韓併合中に朝鮮半島の中で抗日や社会主義運動をやっていた人間を、いろいろな難癖をつけて全員粛清したわけですよね。だって、自分たちはソ連から入ってきたので、その人たちのほうが正統性があるわけですから。

そして、自分の周りにいたソ連派、というよりも満洲とソ連の合体したようなシンパを使って、のし上がって権力を持つわけでしょう。さらに今度は満洲派から順番に粛清していって、ソ連派は結局、金日成が権力集中してきた時に、もうこれ以上は何のいいこともないというので、やられる前にソ連へ逃げ帰った。逃げるところがあったので。

倉山　この『現代朝鮮の興亡』が非常に面白いのが、金日成って北朝鮮内で何派だと思います？　中国派とかソ連派とかあるじゃないですか。パルチザン派だそうです。

宮脇　それが要するに最後に生き残ったアイデンティティというか。まあ言ってみれば完全な嘘ですが。ライバルを潰す時に自分の拠って立つのが「俺は満洲でパルチザンだった」という物語なんですね。

倉山　そうなんです。つまり、ソ連べったりな奴も中国べったりな奴も潰していく。金日成が聞き分けがないので、ミコヤンと彭徳懐《ほうとくかい》が二人で平壌に乗り込んで、「いいかげんにしろ」と叱りにいく。ソ中の親分同士が手を組んだりしているんです。

結局、閔妃と大院君の話もそうですけど、あの国の中では金日成ぐらいしかまとめる人がいないんです。それで誰かが幸せになるわけではまったくないんですが。

宮脇　すごいわ、北朝鮮。あんなに小さな国なのに、それだけ何と言うかちょっとしたものだということは言えますね。

生き延びるということに対するノウハウというか、才能がすごかった。大きさは違うけれど、中国の毛沢東と同じく、粛清に関しては慈悲もなく。

倉山　どうやら北朝鮮には、国内派、ソ連派、中国派、パルチザン派の大きく四つの派閥があったんです。そしてまず、さっき宮脇先生が仰ったように国内派を潰しています。フルシチョフのスターリン批判が始まった瞬間に、「俺は個人崇拝は強要していない」「そんなことをやっていたのは国内派だ」といきなり罪を着せてしまう。国内派というのは、日韓併合時代から朝鮮半島内で本当に抗日闘争をやっていた連中です。

朴憲永《ぼくけんえい》（一九〇〇～一九五六年）ら国内派をここで追い出しています。朴憲永なんて本当に抗日をやっていた人です。

宮脇　共産主義を掲げて本当に戦った人たちですね。しかも朝鮮戦争の時も、その人たちが南にいて呼び込み、北と一緒になって戦った。本来ならば本当の英雄です。この人たちが一番邪魔でしょう。だって、民衆がみんな知っているわけですからね。民衆がいるかどうかというのは別の問題ですけど。

倉山　次に朴昌玉《ぼくしょうぎょく》のソ連派と対立し、最後に崔昌益《さいしょうえき》率いる中国派を叩き潰したと。中国派に至っては逮捕されてしまったらしいですね。

宮脇　「多くのソ連派の幹部はソ連に帰国した」とウィキペディアの「金日成」には書かれています。中国派のほうは、やっぱり、あとあと向こうと組まれると困るからでしょう。

倉山　そして五六年にミコヤンと彭徳懐が平壌に行くという話になって、その時にはもう金日成の支持が高かった。金日成はこの時、失脚させた人間を元の職務に戻すことに同意したらしいんです。

しかし、その後もずっと粛清を続けています。延々七二年までずっとやっている。七二年で名前が国家主席に変わるというのは、権力闘争でもう完全に反対派を粛清しきったという景気付けでしょうか。モスクワ帝国がロシア帝国と名前を変えて景気付けに祝ったような話です。

宮脇　でも、金日成の権力集中が法的に正当化された一九七二年以降も、憲法が改正された以降も粛清が展開され、四人子供を産んだ後妻の金聖愛も粛清、実弟も失脚、叔父の娘婿も失脚する。一九七七年には国家副主席が追放されて、のちに政治犯収容所へ送られています。

倉山　要するに権力闘争に勝ったと、それしか出てこない。本当につまらない。しょうもない人たちですね。

宮脇　つまらない歴史です。「七七年に公式理念を主体《チュチェ》思想に転向」、公式理念がマルクス・レーニン主義から主体思想になっています。

倉山　あの人たちは本人たち以外には全く理解できない理念で動いていますから。七二年に憲法で一応「マルクス・レーニン主義を我が国において創造的に適用した朝鮮労働党の主体思想」と言っています。マルクス・レーニン主義から主体思想が出たんだ、我が国の伝統ではそうなんだみたいなことを言っています。七七年にはそこからマルクス・レーニン主義を取ってしまったということです。

主体的社会主義とかいって、チトーの自主独立社会主義とか、上に形容詞をつけるのが流行ったじゃないですか。だから、これもそれですよね。チトーと違って、中味はまったくないんですけど。

宮脇　真似したわけですね。七七年というと、この時のソ連はどうでしたっけ？

倉山　相手がカーターなのでやりたい放題です。アフガン侵攻の直前です。そして、カーターが朴正熙を殺してしまうようなものじゃないですか。

宮脇　ああ、そうか。やっぱり朝鮮史、韓国史を考えていると気持ちが暗くなりますね。

倉山　でも、七七年は『現代朝鮮の興亡』ではあまり重視していません。六〇年代にソ連と北朝鮮は正式に軍事同盟を結んでいるので、ソ連にとってはどうでもよかったらしいようです。

宮脇　あまりそういうことも世の中には知られていません。何と言っても鉄のカーテンの向こうだし、何が起こっているかもわからず。

倉山　軍事同盟自体は隠してはいないと思います。

宮脇　九一年には韓国と一緒に国際連合同時加盟です。まったく「何、それ」って。ソ連がなくなったから、もうこれで歴史は終わった、もう平和だ、バンザイ、資本主義は勝った、でしょ。フランシス・フクヤマの『歴史の終焉』なんですよね。

倉山　アメリカはバカですね。

李承晩失脚から朴正熙政権へ

倉山　六〇年代から七〇年代の北朝鮮を一言で言うと、金日成は敗戦責任を追及しそうな奴を最終的に皆殺しにするんですが、中ソ論争が始まって、もう北朝鮮どころではなくなるので上手く立ちまわったということですね。

李承晩のほうは一言で言うと、まったく上手く立ちまわっていない。どれぐらい下手くそだったかというと、日本を怒らせてしまいました。日韓国交回復の交渉が始まっているのに、李承晩ラインはやるわ、久保田貫一郎《くぼたかんいちろう》に「植民地支配の謝罪と賠償」を言い続けて「だったら日本のつくったものを全部壊してからものを言え」と言われて沈黙するわ。内政でも例によってヤクザを使って反対派を脅すとか、そんなことばかりやっているので、知識人が一九六〇年に四・一九革命を起こします。

宮脇 十五年もよく持ちましたよね。

倉山 朝鮮戦争が五六年に終わって四年まだ続きました。四月二十六日に李承晩が追い払われて、許政《きょせい》という外務大臣に当たる人が暫定政権をつくり、張勉《ちょうべん》が内閣をつくります。張勉さんは結構まともなことを言っているんですけれども、結局この人には何の力もなく、翌年の五月十六日に朴正熙がクーデターを起こしています。

宮脇 一年以上何があったんですか。そもそも李承晩は一応選挙を経ていたんでしたっけ?

倉山 張勉が暫定内閣をしているんです。李承晩は選挙で選ばれています。といってもメキシコもびっくりのような、あまりにもでたらめな不正選挙ばかりだったんですけどね。ただ、一応選挙をしないとアメリカが援助してくれないのでそういう体裁を取るんです。

逆にアメリカ人はバカなので、投票箱があれば納得してしまうんです。投票箱を持って殺し合いをしていても、投票箱が大好きな人たちですから。

李承晩は一応選挙はやっています。そこは大事なことです。

宮脇　だけれども、内情はもういい加減というか、脅しと買収ですよね。でも、朴正煕はクーデターだったので、アメリカ人からすると不当だとか不正だとかいうことになるわけですよね。

倉山　そうなんです。そんな時に韓国が頼るのは日本ということです。朴正煕は本当に軍閥化していたらしいです。完全に軍閥化して私兵になっていて、いつでもクーデターしようという気が満々でした。少将ということは師団長で、部下は一万人強。それだけあれば、韓国のクーデターなんて余裕でできますよね。

宮脇　自分の子分だけしか信用せずに動いたということですね。彼の出身はどこでしたっけ？　なぜこういうことを聞くかというと、韓国ではこのあと地方差とか地方主義とかがだんだん復活するんです。つまり、北と南は信用しあわない、金大中の出た全羅南道はもうそれこそ差別されていて、済州島はもっと差別されています。しかも、その人たちにとってみても、今は北朝鮮の「咸鏡道《かんきょうどう》などは田舎者の狩猟民のいるところだ」とか、ものすごく地方差別がひどいんです。地方差と、加えて階級差ですね、貧乏人の出だとか。これがダブルでくるので、出身というのは結構大事なんです。

倉山　慶尚北道《けいしょうほくどう》だそうです。

宮脇　なるほど、日本海側ですね。あまり差別の話は出ませんが、でもやっぱり、元新羅ですから、それはそれでソウルのあたりからすれば別の人たちで信用はしていない。
倉山　道が違うと外国みたいなものですね。張勉内閣ができた時から、もうずっとクーデター計画をやっていたそうです。
宮脇　朴正熙のクーデターに対して、民衆はどうだったんでしょうか？
倉山　もう大歓迎です。あと、アメリカにも根回ししています。
宮脇　日本人にもでしょう。日本人は当然だよなと思うわけですよね。李承晩は嫌だけど、朴正熙ならいいと。

朴正熙時代の内政と外交

倉山　当時は岸さんですけど、李承晩と岸さんはめちゃくちゃ仲が悪かったですし、国交をしていませんでした。岸さんは韓国ロビーの首魁《しゅかい》のように言われますが、朴正熙との関係でそう言われているんです。岸さんも人脈は満洲ですし、矢次一夫《やつぎかずお》なんて朴正熙と大の仲良しです。岸さんの末期に朴正熙になって、日本は池田勇人《いけだはやと》なので日韓が最も関係がいい状態になります。
　ところで、朴正熙を中国はどう見ていますか？　文革でそれどころじゃないですか？

宮脇　ええ、全然。

倉山　宮脇先生、ひとことでぶった斬り。

この時、北の金日成は親ソ反中なんですよね。みんな共産主義者は一枚岩だと勘違いしている人が多いので。

宮脇　ああもう、共産主義者は一枚岩だなんて、本当に日本人はアホですね。アメリカが一つという思い込みみたいなものですけど。

向こうがどんなにバラエティに富んでいるか、もっと見てくれと。本当は、だからこそ各個撃破だの分裂工作だのができるんですけど。それを日本人は何もしないで、一つの国だと誰か一人を代表に決めて、それ一色で行こうとしますよね。

倉山　金日成が当時親ソ反中で、朴正煕は中国など見ないで日本・アメリカと仲が良い。その結果どうなったかというと、朴正煕は漢江の奇跡で所得二十倍増を達成します。二十倍になってもまだGDP世界十八位なんですが。

宮脇　それまでがどんなだったかということです。一方、北朝鮮はひたすらお金がなくなっていく。一九八〇年代以降、ソ連から見放されたからです。ソ連がそもそもやっていけなくなっているから、北朝鮮どころじゃない。もう八〇年代からエネルギー不足が深刻で餓死者が出始めています。

倉山　六〇年代にはすでに地上の楽園じゃないんですよね。日本の遺産は全部朝鮮戦争でなくなっていますので。
宮脇　帰国事業は朝鮮戦争の前からやっていましたが、戦後もやっていました。『朝日新聞』とかが書き立てて。朝鮮戦争の最中なんて、アメリカが邪魔しなければもうちょっとで南も北朝鮮になると思っていたわけでしょう。まったく、責任とってくれ、ですよ。みんな本当のことを知らないで。
倉山　しかも、北朝鮮で七年計画とか、言葉だけで勝手なことばかりやっている。当時の中国の大躍進とかに比べると、まだ人道的ですが。あれは人の死に方が半端じゃないんで、何千万死んだかわからない。
宮脇　三千万か四千万かですからね。それから文革でそのあと何千万かで、全部合わせて六千万人とか七千万人とか言われています。
　文革の時期というのは、すべての組織には悪い奴が必ずいる、ここは一〇%だ、二〇%だというので、二〇%になるまで殺す。だから、殺される側と殺す側のどっちに入るか、文字通り天国と地獄だから、みんな必死になった。ほとんど全部の組織がそんなふうでした。
倉山　本当に北朝鮮の経済なんか、語る気が起きないくらいくだらなくて。スローガンが並んでいるだけです。本当にこの人たち、物づくりということができない人たちですもんね。

宮脇　そうですね。でも、今の韓国の歴史問題だってそうでしょ。ひたすらスローガンでしょう。

結局、日韓併合前の議論に戻ってしまいますね。この人たちが国をつくれるかで、伊藤博文も最後は「いや、やっぱりちゃんとした人もいるから国をつくれるんじゃないか」とか、日本人ってその議論ばかりしているんです。「彼らにやらしてもいいんだろうか」とか、「日本人が助けないといけないんじゃないか」とか、だいたいどちらかの意見なんです。

倉山　池田勇人の時に話をまとめていたのを、佐藤栄作《さとうえいさく》の最初の年に日韓基本条約を結び、賠償はしない代わりに援助という名目で韓国の国家予算の二倍の額を日本があげて、「南だけが唯一正統の政府です」というふうに言ってあげて、非常に丸く収まった。中国を無視して日韓が仲良く経済成長しているという理想の時代です。

日韓基本条約　一九六五年六月二十二日、日本と大韓民国との間で結ばれた。正式名称は「日本国と大韓民国との間の基本関係に関する条約」。日本の韓国に対する莫大な経済協力、韓国の日本に対する一切の請求権の解決、それらに基づく関係正常化などの取り決めが交わされた。なお竹島（韓国名独島）問題は紛争処理事項として棚上げされた。

これ以上何を望むんだということです。こういう時に「朴正熙を全面的に賛美するな」とか、鵜の目鷹の目で悪口を探す人がいるんですが、そんなの百も承知の上であえて聞きます。これ以上何ができるんだと。

宮脇　六五年の日韓基本条約から七二年までがいいんです。七二年は「日中国交正常化」。どこが正常化だか。「日中国交回復」はもちろん言葉として間違っています。一九四九年に誕生した中華人民共和国との初めての国交だから、「日中国交樹立」と言うのが本当です。

日中国交正常化　一九七二年九月二十九日、中華人民共和国の北京で行われた「日本国政府と中華人民共和国政府の共同声明」（日中共同声明）の調印式において、田中角栄、周恩来両首相が署名したことにより成立した。これにより日本と中国共産党率いる中華人民共和国とが国交を結ぶこととなった。日中平和友好条約はそれから六年後の一九七八年八月、福田赳夫政権下で調印された。

倉山　六〇年から六四年が池田勇人で、ここも日韓は悪くないんですよね。正式な国交がないだけで。関わりがなくて、両方共成長していいます。仲良くしましょうよという動きが出ているので、ケンカしないんです。恋愛の最中が池田内閣で、結婚して新婚の間が佐藤内閣ぐらい。たいして交際もしていませんが。

そして、田中角栄と朴正熙も実は意外と悪くありません。だから朴正熙の間はやっぱりまともです。それに、日本の外務省がまだ正気でした。

宮脇　韓国は一九九二年に台湾と断交し、中華人民共和国と国交を結んでいます。それまでは、韓国は台湾と国交を持っていたわけです。中華民国とですね。モンゴルと国交を樹立したのもその直前なんです。それまではモンゴル人民共和国がソ連側だったので、モンゴルも北朝鮮と国交を持っていたわけです。いつでも朝鮮半島は二つに分かれていて、オール・オア・ナッシングというか、勝ち組・負け組というか、お互いに相手を抹殺することしか考えていないわけですよ。両方存続というのがないんです。

それなのに、さっきの話で言ったように、九一年に両方が一緒に国連に入ったなんて、まったく整合性がありませんね。

倉山　その場の気分だけで外交をやっていますからね、この人たちは。

宮脇　それで、台湾人が言うには、韓国人はすごく冷たくなったと言います。とにかく自分たちのほうが有利だと思ったら相手をさんざんいたぶる。いじめまくる。嫌な人たちです。

倉山　韓国が反日になるのはわかるんですが、韓国が反台になるというのはおかしい。「日本の植民地時代、お前らより格上だったんだぞ」と威張る。どういう性根なんだ、あんたらは。脱北者が「喜び組では私のほうが立場が上だった」と、まだ亡命してきても威張るみたいな話です。情けなや。

宮脇　この本は、日本から見た朝鮮・韓国、中国から見た朝鮮・韓国を語ろうというものですが、そちらが二つに分かれてどっちがどっちだと言っているんだったら、もう勝手にやれ、みたいなことになるわけですよね。

今、日本人は、安重根《あんじゅうこん》の顕彰碑を建設しようと中国と韓国が共闘しているとか、反日共闘だと新聞はガンガン書いていますが、あれは北朝鮮に対するあてつけですよ。半島と中国とはずっとそういう関係なんです。

倉山　中韓は朴正熙の時は組んでないですよね。

宮脇　組んでいません。九二年までは国交がないので。あくまで中国にとってのコリアというのは九二年までは北朝鮮だったわけです。ところが、韓国と中国が国交を樹立してしまった。間に入った北朝鮮は面白くないですよね。

倉山　面白くないでしょうね。北朝鮮もソ連についてさんざん中国に楯突いたんですから。朴正熙はどっちかと言えば中国は無視していましたね。国交を結んでいないですし。

宮脇　無視も何も、何も関係がなく、しかも中国自体がずっと弱いでしょう。金がない時代は無視していてもいいわけですよ。

倉山　朴正熙の絶頂期というのは中国が文革で関われない時で、非常に美味しい時期なんですね。ところが、その陰りが見えるのがベトナム戦争です。アメリカがそこでベトナムで下手を打ってしまう。アメリカがなぜ李承晩を支えるかというと、反共政策の一環です。アイゼンハワーが李承晩のところに行く話（一九五二年と李承晩失脚直後の一九六〇年）があったりするのも全部そうです。

かたや朴正熙が強くなりすぎるのは嫌だけれども、軍事政権でもいいかと。選挙をやっておけば、まあそれでいいことにしようというのがアメリカの基本政策なんです。本音が反共、建前が民主主義の時代です。

朴正熙としては「中国と付き合わなくていいや」だし、アメリカは多少ややこしいけれども適当に頭を下げておけば悪いことにはならないし、そして日本のお金で漢江の奇跡です。ソ連に対しては、これまた北朝鮮がクッションなんです。

漢江の奇跡　朝鮮戦争で壊滅状態にあった大韓民国が短期間で成し遂げた急速な復興および経済成長を指す。当時の国内総生産は北朝鮮が上回っていた。一九六一年、軍事クーデターによって政権を得た朴正熙は経済開発を掲げた。主な要因としてベトナム戦争参戦と、日韓基本条約を契機とした日本からの経済・技術援助が挙げられる。一九九六年のOECD加入と、その翌年直後に起こったアジア通貨危機をもって一区切りとされる。

六八年に青瓦台《せいがだい》襲撃事件が起こり、ニクソンがベトナムの泥沼でキッシンジャー路線で下手を打ってしまって、結局どうにもならない中で韓国が強くなるのも嫌だ、ましてや核武装なんか許さんということになります。朴正煕の核開発着手というのは実は意外と早くて、一九五九年です。五六年にアメリカと原子力協定を調印していて、本格的にやるのが朴正煕からです。

青瓦台襲撃事件　一九六八年、朴正煕大統領と閣僚の暗殺を狙って、三十一名の北朝鮮特殊部隊が韓国領に侵入したが、大韓民国大統領府「青瓦台」の八百メートル手前で突入は阻止された。特殊部隊のうち一名が逮捕、二十九名が射殺され、一名が自爆した。二週間の銃撃戦で韓国側は軍人・警察官と巻き添えの民間人の計六十八名が死亡。

オイルショックで原子力に移行するというのが日本と同時期です。朴正煕は日本と歩調を合わせているようなところがあります。彼は本当に心性が日本人に近い、まともな人ですね。

宮脇　けれども、表向きは反日を言わないとやっていけないというのは韓国のしようがない部分です。

倉山　韓国はそういうものなので。たとえば、内藤陽介《ないとうようすけ》『韓国現代史　切手でたどる60年』によると、「亀甲船を描く『海戦大勝三百七十年切手』」で豊臣秀吉《とよとみひでよし》に勝ったことを朴正煕時代に祝っています。一九六一年に光復十六周年というのもあります。

こういうふうに、一応「私は親日派ではないですよ」というパフォーマンスも当然やるわけなんですよね。黒田勝弘《くろだかつひろ》さんが大好きな時代です。「昼反日、夜親日」という。黒田さんはもうそれをずっと言っているんですけど。

宮脇　黒田さんは『新潮45』で面白いことを書いていました。韓国の情報が日本にあまりにもよく入ってくるようになったので、韓国人がものすごく反日を言っていることが日本人にわかってしまったけれど、こんなのは昔からずっとそうだったんだと。

彼らは当たり前に普通にやっているだけで、本気というわけでもないけれど、日本人は根が真面目なので、言っていることを全部本気に取って怒り出したんだと。もちろん自業自得なのですが、でも、韓国人は「え、今頃何で?」「これ、ずっと昔からなんだけど」みたいな反応だと言っています。そして、反日をいっぱい言っている割には日本をモデルにして、何でも日本の真似をして、日本では今何が流行っているとか言っては気にして、それを使っていて、それで口では反日を言うんだと。

それは朴正煕の時代からずっとそうで、彼らはずっと同じなんだというんです。ところが、情報化社会とネットのせいで、日本人がそれを知るようになった。それで黒田さんは、韓国の

韓国大統領

李承晩 (り・しょうばん、イ・スンマン　1875～1965年)
在任：1948年7月20日～1960年4月26日

尹潽善 (いん・ふぜん、ユン・ボソン　1897～1990年)
在任：1960年8月13日～1962年3月22日

朴正熙 (ぼく・せいき、パク・チョンヒ　1917～1979年)
在任：1963年12月17日～1979年10月26日

崔圭夏 (さい・けいか、チェ・ギュハ　1919～2006年)
在任：1979年12月8日～1980年8月16日

全斗煥 (ぜん・とかん、チョン・ドゥファン　1931年～)
在任：1980年9月1日～1988年2月24日

盧泰愚 (ろ・たいぐ、ノ・テウ　1932年～)
在任：1988年2月25日～1993年2月24日

金泳三 (きん・えいさん、キム・ヨンサム　1927年～)
在任：1993年2月25日～1998年2月24日

金大中 (きん・だいちゅう、キム・デジュン　1925～2009年)
在任：1998年2月25日～2003年2月24日

盧武鉉 (ろ・ぶげん、ノ・ムヒョン　1946～2009年)
在任：2003年2月25日～2008年2月24日

李明博 (り・めいはく、イ・ミョンバク　1941年～)
在任：2008年2月25日～2013年2月24日

朴槿恵 (ぼく・きんけい、パク・クネ　1952年～)
在任：2013年2月25日～

中の反日事件の情報について日本でのほうがよく知られていて、こっちではそんなこと全然知らなかった、みたいなことになっていると日本に来て初めて気づく。これは本当だと思います。黒田さんは実際に見たままを書いているわけですから、そうなんだろうなと思いますよ。

倉山　朴正熙時代の『朝日新聞』を検証するとすごいですよ。「アジアのヒトラー」扱いですもんね、朝日にかかったら。「悪の帝国」とかボロクソですもんね。北朝鮮が「地上の楽園」で、韓国が「極悪非道の軍国主義国家」になっています。

宮脇　そういうことを言った責任をどう考えているんでしょうね、あの人たちは。責任を全然取りませんからね。いかに無責任かということです。悪い前例ですよ。それをそのまま許したということが日本の罪だと思います。やっぱり、悪いことをしたら処罰するというふうにしていかないと。

倉山　ベトナム戦争でアメリカとの同盟の義務を果たして、アメリカをつなぎとめるために猛虎師団を送ったら、ライダイハン（韓国軍兵士と現地ベトナム人女性との間の私生児）がいっぱいできてしまったというので、朴正熙は頭を抱えたそうですけどね。さすがは日本人の心性があるにはあるというか。

宮脇　三十万人行って、三万人子供ができた。日本人は九百万人が大東亜戦争の時にあんなに大きな地域に広がって、そういう話はほとんどないです。日本人は向こうで奥さんをもらって子供ができたりすると、責任取ってそのまま向こうにいますからね。あるいは革命運動に挺身したとか、そういう話のほうが割合としては大きい。生みっぱなしで帰ってきたというのはほとんどありません。

倉山　「レイプ・オブ・南京」と言いながら、なぜ日本人と中国人の私生児がそんなにいないんだということです。

宮脇　そんなにいっぱい日本人や日本の軍人がなにかしたのなら私生児の数を出してみろと。ないんですよね。

倉山　韓国もやっぱり教科書で朴正熙を英雄にしていた時代はまともなんです。彼が実質上の現代韓国をつくったんですから。国父なんです。ちなみに、韓国の国立墓地へ行くと、一番丘の上の高いところは朴正熙で、麓が李承晩です。実にまともです。

結局、朴正熙が国父だった時代はとても幸せなんですよね。それがだんだん朴正熙が国父ではない時代になって、今に至っています。朴正熙を否定してしまうと、韓国には何も残りません。

では、朴正熙が何者かというと、彼は帝国陸軍の士官学校を十五番で出ているというのがアイデンティティなんです。「二千年間、我が民族には恥の歴史しかない」と言ったらしいですが、何と正しい歴史認識なんでしょう。それは仕方がないですよね。朝鮮以外でも、誇るべき歴史がどこにもない民族はいっぱいいますので。

宮脇　やっぱりまともでないのは一部マスコミ、ではなく韓国では大多数のマスコミです。そして、空気を重んじるのは日本以上です。

日米韓台の蜜月

倉山　朴正熙の時代から反対派というのは潜在的にずっといて、学生なんて言うのは跳ね返りをやっている。韓国史だけを見ていたらわからないですが、世界的にその頃、学生運動をやっているんですよね。

宮脇　はい、その頃はフランスからアメリカから日本まで、全部そうでした。

倉山　私はモスクワの指令があったんじゃないかと思うんですが。

宮脇　私もそう思います。日本の学生運動の「安保反対」は本当に日当が出ていました。私はそう聞いています。国会を取り囲むにしても何をするにしても、一日いくらと聞きましたよ。しかも弁当付きで。そうでなかったら、学生で普通不まじめな人があんなふうに誰が行きますか。

倉山　ところが、ソ連の工作がなぜ失敗したかというと、日本社会党があまりにもだらしなくかったからです。社会党は、「最大の資金源が自民党」というとんでもない政党です。総評が組織のお金を握っているのはいいのですが、議員さんたちは組合幹部に顎で使われるのが嫌で、お小遣いがほしいので、自民党からお金をもらっているんです。

宮脇 あの頃の日本の政治は、ネゴシエーションがあまりにも上手く行ってしまったんですね。

倉山 行き過ぎたぐらいです。社会党の代議士というのは自民党と話をつけられることが存在価値で出世できるんです。

日本史の話をすると、占領期というのは民政局と情報部がケンカしているじゃないですか。吉田茂というのは情報部のウィロビーたちの仲間なんです。芦田均《あしだひとし》とか片山哲《かたやまてつ》というのは、民政局の日本国憲法をつくったグループの手下です。

そのGHQの派閥抗争で日本政治が割れていって、吉田だけは絶対に社会党と組まないんですけど、基本的に社会党と組んだほうが勝つというのがずっと日本の戦後の歴史です。吉田も最後は、社会党と組んだ鳩山一郎に引きずり下ろされました。

保守が二つに割れて社会党が伸びてきているので、八百長が成立しないんですよね。それで保守合同をやって自民党をつくり、自民党はアメリカの代理人、社会党はソ連の代理人で、ソ連を与党の中に入れないというのをやっていたんです。それをぶち壊したのが田中角栄です。

宮脇 なるほど。だから、ある種五五年体制の八百長は機能したわけですね。ソ連を永田町に入れないためにとても機能した。

倉山　はい。永田町、政官財のトライアングルというのは、そこにソ連を入れないという意味がありました。その代わり、言論界と学界、マスコミはソ連に押さえられていたわけですが。

ちなみに、三木武吉《みきぶきち》が自民党をつくったんですが、それは手段なんです。今は勝手に三木武吉の生涯の目的は自民党をつくることだったとされていますが、自民党をつくって小選挙区制を導入して、憲法を改正して自主防衛、自主独立を目指していました。

宮脇　小選挙区制にしたほうが憲法改正しやすかったわけですか？

倉山　しやすいのはしやすいし、何より中選挙区制だと憲法改正は不可能なんです。自民党の議席は池田勇人の六四％が最高です。社会党が三四％取ることができる限り、憲法改正は絶対できません。

宮脇　なるほど。そしてみんなそれをすっかり忘れてしまった。

倉山　そして、その三木武吉の弟分というか、「お前を総理に育ててやる」と三木に言われていたのが岸でした。そして、その岸が、日米韓の三国同盟みたいなことを考えている。というより、岸の頭の中は、台湾も入れて四国同盟でした。岸は、アメリカ一辺倒のように思われていますが、東南アジア歴訪とかやっていて、対米一辺倒じゃないことをやろうとした最初の人なんです。占領下のしがらみで対米一辺倒にならざるを得なかった吉田茂の路線を修正しようとしました。

宮脇　やっぱり安倍晋三さんはそれを引き継いでいる？

倉山　まさに今の「セキュリティーダイヤモンド構想」がそうです。岸、池田、そして今の安倍さんだけが、アメリカ一辺倒でも中国に媚びへつらうのでもない唯三人なんです。岸の東南アジア歴訪は、インドのネルーに「岸はアジアのアメリカ化を請け負わされている」などと批判されて大失敗するんですけど、米日韓台の四国同盟まではできなくても、日本から見るとアメリカの核の傘の下で韓国とも台湾とも仲良くできて、かなり外交は上手く行っているんですよね。

それが一九六〇年代、朴正熙になって非常に機能する。岸さんの前に韓国に何かやろうと思っても、相手が李承晩なので会話が成立しないので。

宮脇　日本の漁船を捕まえたりしていましたしね。

倉山　岸、池田、佐藤、田中とずっといいんですよね。そして何と三木武夫《みきたけお》も意外と朴正熙と関係がいいんです。

宮脇　向こうが現実的だったからでしょう。

倉山　朴正熙はまともです。ただし、どれくらい三木が朴正熙をかばったかというと、カーターが見捨てたあともかばっています。核開発の問題があり、七二年ぐらいになると、漢江の奇跡の急成長は続かなくなり、反対派が強くなって、朴正熙が維新革命をやるんです。

朴正煕以後

宮脇　カーターって、そんなに朴正煕が嫌いだったんですか？　本当に暗殺に関係しているんですか？

倉山　大っ嫌いです。暗殺にも関係していたと言われますけどね。証拠はないですけど。

宮脇　ウィキペディアの「金日成」では、「訪朝経験のあるジミー・カーター大統領は二〇〇九年十一月、タイの新聞との会見で、金日成を『大変聡明で鋭利な人物であった』と評している」と書いていますね。

倉山　まあ、言うでしょうね、あいつなら。小型ウッドロー・ウィルソンみたいな人なので。私はアメリカ大統領で、ウィルソン、F・ルーズベルト、クリントンに次いで四番目に嫌いです。どうしようもないですよ、この人は。まだフォードが大統領なのに、当選した瞬間に「韓国は見捨てる」と宣言しています。人権外交とか言いながら北朝鮮に行ったり。

宮脇　そうですよね。後にクリントンの密命を帯びてカーターは訪朝したんですものね。なるほど、困ったものです。アメリカは本当に困りますね。日本にとっては、アメリカがくしゃみをしたら日本は風邪を引きますから、本当に困ります。

倉山　ニクソンというのは、実はタカ派出身の故にソ連・中国に対して甘いんです。そして、その余波で韓国も肺炎になるみたいな話ですよ。共和党だったらまだよかったのがカーターになって悲惨で、そして当時の日本の福田内閣というのは実質田中・大平に支えられている親中派なので、朴正熙を助ける人がいなくなる。

宮脇　それはあなたが『嘘だらけの日韓近現代史』で書いていましたね。『嘘だらけの日中近現代史』の最後でも書いていた。

倉山　以後の日本は、田中角栄以降、小泉さんまでの間で一番ましなのが三木武夫という恐ろしい時代に突入します。

　朴正熙はアメリカと日本が安定していたのでちゃんとやれたというところもあるし、逆に彼はそういう環境を上手く利用できる才覚があったんです。

宮脇　六三年から七九年まで十六年続いた。やっぱり韓国のいい時代でした。本当に韓国は彼に感謝をしないといけません。北との差がついたのは彼のおかげなんですから。

倉山　朴正熙の最後の数年は悲惨でした。奥さんも殺されていますから。

宮脇　奥さんを殺されたあとが悲惨でしょ。

「日中国交正常化」以後の悲惨

倉山　七九年が朴正熙暗殺です。もう福田赳夫《ふくだたけお》から大平正芳《おおひらまさよし》に代わってるんですけど、そこからの日本での政権交代はまったく見なくていい。所詮田中角栄が背後にいて、超親中派だからです。どうしようもない。永田町に中国を入れてしまった人で、完全に売国奴です。

宮脇　中国もそれこそ上手なので、朝鮮に比べたらはるかに政治的才覚が上です。だって、そうでないと中国のトップになれないですもの。それだけでトップになった人たちですから。

倉山　日本側をちょっと言うと、池田さんの時に事実上朴正熙と交渉を開始して、その時の外務大臣が最初小坂善太郎《こさかぜんたろう》で、あとが大平なんですけど、大平内閣の時、朴正熙が暗殺されているじゃないですか。実は韓国政策は私が見る限り、この二人はあまり変わらないです。むしろ中国政策が激しくひどい。小坂は日米安保の枠内で中国と組んでソ連と向かい合おう、台湾をそんなに無碍《むげ》に外務大臣声明だけで切ることはないという立場でした。それに対して大平というのは、とにかく中華様崇拝なんです。

宮脇　というか、大平さんは真面目な日本人過ぎたんですよ。つまり、国際的に中国人がわかっていなかったということじゃないですか。

倉山　ええっ、そうですか？　大平は確信犯じゃないですか？　あれは田中角栄ともども、本物のスパイだと思いますけど。私は実は大平をまったく評価していないんです。みんな言うんですけど、大平ってそんな立派な人ですか？

宮脇　新井経済研究所の新井俊三《あらいしゅんぞう》さんという人が私の主人の岡田英弘《おかだひでひろ》（東京外国語大学名誉教授）の畏友《いゆう》で、ずっと何十年も一緒に仕事をしていた人なんです。それで、新井さんが主宰していた朝食勉強会のエグゼクティブ・アカデミーで主人は定期的に講演していて、その記録の冊子がいっぱいあるんですけど、新井さんが大平さんのブレーンをやっていて、大平さんのお願いで朝食研究会というか、シンクタンクを開いた。新井さんはすごく大平さんを信用していたんですよ。大平さんはしゃべるのは上手ではないけれども、ものすごく信用していました。それがずっと私の中にはあったので。

ただ、その大平さんが最初に周恩来のところに行った時、「どうやって来ましたか」と聞かれて「どことどこを回ってきた」と言ったんですが、要するにあちらは「台湾を切るな」というサインを出しているのに、全然それがピンときていなかった。

つまり、「どこどこを回ってきた」「それは結構ですね」というのは、日本人のパスポートに台湾、中華民国の入国スタンプがあって、それでも中国へ行くという、日本をそういうふうに使いたいという中国の思惑があって、日本が両方と上手く付き合っていてくれたら、それは中国大陸にとってその時、すごくプラスだったわけですよ。
　もう本当に中国は四面楚歌で、アメリカとはまだ国交樹立していないし、香港も下火でイギリスもだめだし、台湾と直接何の関係も持てない時に、日本が両方と付き合ってくれたら、日本経由で何とでもなったでしょう。それを日本がアホで、ほんとにアホで、どっちか二者択一だと言って台湾を切ったというので、中国人ががっかりしたということなんです。

倉山　国としてアホだったのはその通りで、小坂善太郎とか椎名悦三郎《しいなえつさぶろう》の「国交回復しますよ、でも台湾をいきなり切れませんね」と、すごく細かい人間関係の中で長引くのを望んでいるんですよね。田中角栄がいきなりあんなふうに「何でも飲みます、サインします」とやってしまったので、向こうが困るという。

宮脇　そうなんですよ。向こうが困ったというレポートを、岡田英弘がその時に書いて上申したんです。新井さんのところの研究会で発表して、それで新井さんがものすごく青くなって、そのレポートを持って大平さんのところに走ったっていうんですから。

倉山　でも、大平は何もしないですよね。角栄の弟分なので。

宮脇　ええ、結局だめでした。それでも、外務省などに「本当はこうだそうだ」と届けたそうです。中国のことをウォッチしていたら、それぐらいわかるでしょうに。二股も三股もかけてやれば、そのほうがよほど有利で、日本が何でそんなふうに中華民国を切ってしまうのか、中国にしてみたら信じられないんですよ。本当にアホというね、何もそんな切り方しろなんて言ってないのにって。

倉山　中国は、アメリカと難航しているので日本はもっと難航すると思っていました。ところが田中角栄が〝鴨ネギ〟をやってくれた。ついでに鍋と文化包丁にガスボンベまでしょっていった。そして自ら焼身自殺をやってくれた。

宮脇　政治がわからなくて、よくこんなのが政治家だと思います。チャンネルが多いほどいいんですけどね、どちらにも有利で。

倉山　小室直樹《こむろなおき》さんはその田中角栄を褒めちぎってますけどね。「三ヶ月で決めた角栄は偉い」。中国は本当に長引かせてくれと思っていますものね。角栄は実はそんなことはどうでもよくて、国を売ることが自分の利益なんです。

宮脇　それからあと、日本はそういう政治家ばかりだから嫌なんですよ。それからもう中国のいいようにされて、今日に至っております。

倉山　そして大平はその弟分です。よく言われるほど大角一体ではなく面従腹背ではあるんですけど、具体的に何をやれたかというと、対外政策で何があったか。

伊藤昌哉《いとうまさや》さんによると、大平も心の奥底の本音では角さんではなくて、実は福田さんと組みたがっていたらしいですが、そんな行動は欠片《かけら》も取っていないので、それを歴史的に評価はできません。大平ははっきり言って、角栄と同じ売国奴だと思います。実際に会った人が立派な人だと言うのはよく聞きますが。

宮脇　一橋の人がブレーンでいっぱい周りについていました。

倉山　山本七平《やまもとしちへい》さんとか佐藤誠三郎《さとうせいざぶろう》さんとか、のちの中曽根ブレーンになるような人に最初に唾つけていたのが大平さんです。その人たちを中曽根さんがかっぱらっていったんです。

宮脇　まあ、人を見る目はあったというか。

倉山　ですが、当時の大平の発言を見ても、やはり言わんでいいことをいっぱい言っている。ものすごく容共的な発言を繰り返しています。「自由主義であっても共産主義であっても花が咲く」とか、わけがわからないことを言っているんですよ。何をおっしゃっているんですかと頭をかかえたくなる。それから、大平は経歴で言うと満洲にいます。すごく怪しい。

宮脇　ああ、そういうことね。脛《すね》に傷持つ人ばかりだから、中国のいいようにされるんです。行ったらもう、あなたの祖先がどうしたとか、全部調べがついている。中国は個人の完全な檔《とう》案《あん》ファイルを持っていて、ちょっとでも関係がある日本人のファイルがすぐ出てくるんです。

倉山　大平発言録ってひどいんですよね。それに、池田内閣の外務大臣時代に、台湾に亡命したいと言った人間を北京に送り返しています。伊藤昌哉《いとうまさや》の回顧録は「そこは自分もよくわからない事情がある」と書いています。中西輝政《なかにしてるまさ》さんはその一事でもって「池田は親中派の売国奴だ」と言っていて、さすがにそれは違うだろうと思っているんですが。

宮脇　何かで脅されていたか、何かの取引があったのかもしれない。

倉山　だから大平はすごく怪しいんです。池田は行動パターンで言うと、変な人をいっぱい使っているんですが、使いこなしていて、ほかに回さないんです。宮沢喜一《みやざわきいち》は通訳以外やらせないとか、鈴木善幸《すずきぜんこう》は政局しか当たらせないとか。

宮脇　なるほど。とにかく、日本の政治家は本当に大陸がらみの人がものすごく多いでしょう。結果的に国を売ることになる日本人のほうが圧倒的多数というか、とくにエリートに関して言えばそういう人の割合はものすごく多い。たいていは向こうに行っていた人の関係者ですからね。だからもう弱みだらけで、あちらはいくらでも使えるわけですよ。何でも本当に持っているから。しかも嘘をつくでしょう。満洲の話について嘘をつかれたらわからないじゃないですか。資料は向こうが全部握っているんだから、嘘をつかれても何もわからないし、悪いことをしたと言われたら、日本人は人がいいから、そうかもしれないと思いますしね。

鄧小平の時代

宮脇　さて、倉山先生が日本の話をいっぱいしてくれるのはいいんですけど、じゃあ中国と朝鮮半島の話をどうするかと、私は今、一所懸命考えていたんです。

倉山 いや、この頃になると鄧小平という人が出てきます。

宮脇 だけれども、鄧小平は韓国・朝鮮に何かしました？　全然ネタがないじゃないですか。

倉山 文革が終わって、中朝国境ってどうなんですか？　特にことこもなく？

宮脇 文革に関して言えば何も動かないですよね。鄧小平はとにかくアメリカとの関係改善と国の経済を上向けさせることを考えて、ひたすらアメリカ・日本と組んだんです。

倉山 ああ、そうか。だから鄧小平も朝鮮を無視して。六〇年代、七〇年代に朴正熙がやったことを、八〇年代、九〇年代に鄧小平がやったということですね。そういう視点で言うと、日本は福の神なわけだ。

宮脇 そうです。朝鮮半島のことなんか、全然頭にないと思いますよ。

結局、中国を強くしたのは日本ですよ。今頃になってバタバタしているけれど、「自分たちが強くしたかったんでしょ」と私は日本人に言いたい。「あの時に日本人はどっちを選んだんだ」と。鄧小平は日本を脅したんです。「このまま放っておいて中国で何か起こった時に困るのは隣国の日本ですよ」「だから共産党に金をくれ」と言ったんです。それで日本人は「そうだよね」と思った。

それで中国を強くしてこんなヤクザな国に仕立てたのは、日本人にも何割かの責任はあると言いたいです。もちろん、アメリカも組んだからアメリカの責任もかなりありますが、日本人がそうしたかった、隣の国が弱いのは嫌だと思ったというのが本当なんですよ。

倉山　まあ、日本の責任がかなりあるでしょうね。政府をはじめ日本人みんなが岡田英弘先生の言うことを聞かなかったのが悪い。田中角栄が気前よくこれでもかとやってしまいましたし。なぜ隣の国が弱いことを嫌がるのか理解できません。

宮脇　だから、人道だの何だの、あるいはさっきのその確信犯的な売国奴と、満洲との縁がらみで何か罪滅ぼしと。

倉山　ああ、満洲残留孤児。中国残留孤児のウータラカータラ言い出したのは鄧小平の時からですね。

宮脇　罪滅ぼしの気持ちとか、そういうのにつけ込むのが上手なんです。中国人は相手のどこが弱いとか、どこが攻撃場所かって、本当に匂いでわかるというすごい人たちですからね。もう個別でやられていますよね。国交がない時は、本当にわかっている人たち、岸さんのような、かつてのシナ通のような人たちが間にいたので安全でしたが、国交ができてしまった途端に日本人が各個撃破でやられた。それで思いきり全部取り込まれたんです。やってきては、選んでそれをやる。だから、中国人留学生がよくしてくれた日本の大家を殺したみたいな、そういうのがよくあるじゃないですか。

本当にそういうことで、身近なできるところから手当たり次第にやるというのが中国です。いっぱいチャンネルができてしまって、今だったら銀座のマッサージ店で政治家夫人がマッサージ嬢にお気に入りの人ができて、そこでベラベラしゃべったことが全部向こうへ筒抜けとか。もう本当にどうしようもないです。

それから、自衛隊員の奥さんのかなりの割合が中国人だとか、本格的にやられています。もうこれは取り返しがつかないですよね。どうしたらいい？

倉山　いや、私に言われても……。

宮脇　それで、話を戻すと、朝鮮半島はお金もないし、事を起こさなければいいわけだから、生かさず殺さず、適当に付き合ってただけですよ。

倉山　鄧小平も韓国を見ていないですよね。

宮脇　見ていません。韓国との国交樹立が一九九二年ですから、鄧小平が死ぬ少し前ですね。九七年の香港返還は、これも嫌いな言葉で、本当は香港の「移譲」なんですが、その直前に鄧小平がそれを見たかったと言って死んでいます。

倉山　アメリカがカーターからレーガンに代わる頃、日本は田中角栄で、朴正熙が核武装しようとして殺されて、全斗煥になり、中国は鄧小平です。米中日韓の共通の敵がソ連という時代でした。

宮脇　でも、ソ連は八九年にペレストロイカで民主化、九一年が完全に崩壊でしょう。もうだから九〇年、九一年は死に体ですから。

教科書問題の真相

倉山　いきなりそこまで飛ぶ前に、全斗煥の話を。日本では鈴木善幸という人がいろいろなことをやらかしてくれました。

金大中《きんだいちゅう》拉致事件は田中内閣ですが、あれは意外とうまく収まっています。本当にそれこそ、朴正熙が首相官邸にゲンナマを持ってきたかどうかは知りませんが、コンビニマンガレベルの話で行くと、四億円を角さんのところに持ってきて、これをお小遣いであげるから許してと言った。そのうち一億円を角さんが大平さんにあげたとか、ホンマかいなという話ですが、そんな話を出版していいかどうかは別にして、田中・大平の力関係はそんなものです。

金大中拉致事件　一九七三年八月八日、韓国の民主活動家および政治家で、のちに大統領となる金大中が、韓国中央情報部（KCIA）により日本の東京都千代田区のホテルグランドパレスの客室から拉致される事件が発生した。船で連れ去られた金大中は、ソウルで軟禁状態に置かれ、五日後にソウル市内の自宅前で発見された。

次に教科書問題ですが、よりによって、全斗煥も鄧小平も日本と仲良くしようと言っている時にやらかしたわけですよね。

教科書問題　一九八二年六月二十六日付の各紙朝刊が、日本国内の教科用図書検定において、昭和前期に関する記述で〈日本軍が「華北に『侵略』」とあったのが、文部省の検定で「華北へ『進出』」という表現に書き改めさせられた〉と報道したことに端を発する。日中間で外交問題に発展した。

宮脇　あれは鄧小平が軍を改編しようとして、それで鄧小平に対して楯突いている軍が「鄧小平の弱みは日本だ、日本から何かやられたら困るだろう」というので、日本の教科書を使ったんです。しかも、『朝日新聞』が「侵略」を「進出」と書き換えたと報じたのは誤報で、どこにもそんな事実はなかった。だから、ものすごく確信犯的なやらせで、誰かが刺客を放ったということですよね。

倉山　まったく知らない人のためにかいつまんで言うと、朝日の記者が「日本の教科書検定で『侵略』を『進出』と書きなおさせた。騒がなくていいんですか」と韓国と中国に持って行って、日本の新聞でどんどん盛り上がってしまった。韓国と中国の反対派が「言わなくていいのか」と騒ぐので全斗煥と鄧小平が一応言ってみたら、日本の鈴木内閣が謝ってきた、という事件です。

宮脇　二重においしかったわけですね。全斗煥については私はよくわかりませんが、鄧小平の場合は軍の機関紙が鄧小平を困らせようと思って騒いだんです。

倉山　韓国は朴正熙末期から経済がダメダメなので学生運動が大騒ぎして、ジャーナリズムは反日一色でした。しかも全斗煥が「克日」、日本を克服しようなんてまともなことを言っていたものだから火がついてしまった。

そこで小川平二文部大臣は突っぱねるべきだと頑張ったんです。ところがそれをよくわかっていない鈴木善幸に「謝っちゃえ」と言ったのが官房長官の宮沢喜一です。

宮脇　ここからが今に至るまでずっと続く間違いの始まりです。

ソ連崩壊後

倉山　中国は江沢民《こうたくみん》になって、ソ連が滅びます。今まで米中日韓が仲良くできたのはソ連という共通の敵がいたからですが、これが転けてロシアになる。エリツィンの時はまだ急に対立が激化することはなく、世界中が平和ボケしていて、北朝鮮だけが核武装したりして元気です。それを許したのは金泳三《きんえいさん》と細川護熙《ほそかわもりひろ》であると強調しておくとして。

日本では田中角栄から竹下登に権力者が代わり、韓国は民主化してどんどん太陽政策に傾斜していき、盧泰愚《ノテウ》、金泳三、金大中、盧武鉉《ノムヒョン》と、もうどんどん坂道を転がり落ちるように悲惨になっていますよね。

李明博《イミョンバク》と盧武鉉ってどっちがましですかね。

宮脇　李明博のほうがましそうに見えたんですけどね。途中は、そこそこ経済に強いかしらん、みたいに言っていたけれど。

倉山　最後でやっちゃいました。前がひどすぎたので、この人はまともだろうと思ったら、最後にとんでもないことをやらかしてくれて。「天皇、土下座しろ」は、政治に無関心な日本人を反韓にしてくれました。あれをやらないと李明博は刑務所に放り込まれたからやったんですよ。「こんな俺みたいな愛国者を刑務所に放り込むのか」と。それでダシにされる〝安牌〟の日本というのは何なんでしょうか。

宮脇　日本人は韓国人をいじめないから、ちょうどいいターゲットにされただけのことです。韓国人は韓国人をいじめるから、韓国人にいじめられないように、日本人いじめの競争をしているんですよ。だから、反日をやったらマイナスになることをこちらが具体的に始めないとだめで、それをやらないと終わらないというのが私の意見です。

倉山　ソ連がいなくなったら北朝鮮の後ろ盾がなくなるので、九二年に中韓が国交を結びました。そして北朝鮮としてはどんどん核武装路線に行く。

宮脇　だから北朝鮮は中韓国交が面白くないし、どちらが中国にとって大事かの競争を実はしているわけで、日本はいい迷惑なんです。それなのに、日本人は日本と相手の国しか見えなくて、日本にとってどうだとか、こうだとかしか言わない。向こうと向こうの関係が危ないというようなことを誰も言いませんね。

倉山　北朝鮮は苦し紛れに台湾に接近しています。一九一二年を金日成の誕生年にしてしまったり。中華民国の元暦だからなんですが。

宮脇　敵の敵は味方ですから。安重根の話にしても、あれは北朝鮮に対する中国からのメッセージで、あてつけで韓国のほうが大事だぞと言うとか、いろいろな要素があるわけですよ。もちろん反日についても向こうが勝手にいろいろな要素で動いているのに、日本人は言葉通り真に受けて「ごめんなさい」と言うのが問題なんです。放っておけばいいのに。

倉山　謝れば丸く収まるだろうみたいに思っているんですよね。

宮脇　それがもう向こうにとってはおいしい話というか、別にそんなことしてくれなくても向こうは向こうでやっているんです。そこへ勝手に日本が出てきては、もうちょっとお金を上げるだの、謝る競争をするだのというのがいけないし、日本の反政府運動の人たちが告げ口に走るのが困りものです。さっきの教科書問題でも日本人が言ってあげていますし、「性奴隷」というのも日本の教科書が最初に言ったんですよ。韓国人が言ったんじゃないんですよ。こういうところが大問題です。日本の敵は日本人です。

江沢民と竹下登の時代

倉山　さて、鄧小平から江沢民《こうたくみん》に権力移譲されました。日本の中国外交は泣きたくなるので黙っておきますが、江沢民は鄧小平と違って、韓国と結びながらも北朝鮮をかわいがっています。鄧小平末期から江沢民にかけて、北の核武装を許容しています。

宮脇　核がある以上、バランスを取らなければしようがないでしょう。というより、北朝鮮の核武装で日本をビビらせるのはうまい話なんです。アメリカ側はまたそっちにお金を出したり、自分たちのいうことを聞くというので、六カ国協議で中国の地位が上がりますから。

倉山　それは根源的には金泳三と細川護熙という人のせいなんです。クリントンが珍しく根性出して「空爆するぞ」と言った時、基地を貸さないと言ってしまった。意味がわかりません。どうしようもない。

宮脇 まったく、失点ばかり重ねていますね。

倉山 クリントンは世界中に空爆して回っていたのに、それで東アジアでだけは何もしないんです。これでもかと、ろくでもないことをいっぱいやっていますけど。

宮脇 一九九七年、中国政府は国家プロジェクトとして東北工程推進を始めます。要するに、北朝鮮を経済的に取り込むということです。さらに今度は、中国の覇権主義、拡大主義がスタートします。力がついてきたので、もともとの勢力圏の中の歴史問題を言い出すわけです。「高句麗は中国だった」という類も全部その一環で、朝鮮半島を自分の子分として動かすためにできることをし始めた。

倉山 ちなみに、九一年の南北国連同時加盟は韓国から言い出しています。ソ連がなくなる直前で、盧泰愚の時です。全斗煥の次ですね。ちなみに、全斗煥は八八年十一月、山寺に出家しました。いつの時代の話なんだ。近代国家ではありませんね。

それはともかく、盧泰愚がこういうバカなことをしてしまう。

宮脇 国連加盟の前に、一九九〇年に韓国がモンゴルと国交を樹立しています。それで、「あっちも祖先だ」と言って韓国でモンゴルブームが起きました。

倉山 よく、今の大統領が最低だとみんな言っていて、韓国は常にそのとおりなんですが、それは盧泰愚から始まっています。だから私は『嘘だらけの日韓近現代史』（扶桑社）で、全斗煥のことを叩き過ぎじゃないかと書いたんですが、私が付き合っていた学生運動をやっていたような日本留学組なんかは、やっぱり「俺たちの民主化世代」なんです。自分がやっているので、そこは否定されたくないという気持ちはわかるんですが。その人たちが何だかんだと全斗煥をボロクソに言いながらも、朴正熙が国父だという意識は強いんです。

ところが、韓国の教科書を読んで衝撃を受けたんですが、朴正熙を相対化しているんですよ。

宮脇　つまり自分たちの歴史をどんどん書き換えているわけでしょう。

倉山　盧泰愚だって、金大中派と金泳三派がちゃんと大同団結しておけば大統領になれる人じゃなかったのを、どっちも目立ちたがり屋なだけだったので、漁夫の利を得たというだけの人です。そして、バカな学生運動派の連中からすれば、盧泰愚というのは民主的に選挙で選ばれた大統領ではあっても打倒の対象なので、その盧泰愚を倒したということが金泳三とそれに続く金大中にとって「俺たちの民主化」の完成で、そこが一番美化したい時代なんですよね。ところが、美化するようなものは何かあったのか。

金大中事件の時だって、金大中というのははっきり言って、昔からやっていることは北のスパイみたいなものじゃないですか。それが大統領になったら太陽政策ですもんね。金泳三だって人気取りしかやっていなくて、韓国の人気取りというのは反日なんです。総督府を破壊したのは金泳三ですよ。その時は、日本はもう竹下登で、ワールドカップを半分あげるから許してとか。もう語るのも嫌だ。
宮脇 どうしてああいうふうに腰抜けなんでしょうね。
倉山 竹下は確信犯じゃないですか。腰抜けと思ってないいんじゃないですか。
宮脇 それはどうしようもない。どうしてそういう人が日本のトップなのかということが問題です。
倉山 日本史の立場から語らなきゃいけないでしょうか。それを語りだすと別の本になると思うので、やめたほうがいいと思います。正直言うと泣きたくなるのでやめたいのですが。
宮脇 わかりました、やめましょう。それで、九七年から、つまり鄧小平が死んだあとから中国は「韜光養晦《とうこうようかい》」をやめたんです。江沢民以後は、鄧小平ほど腹黒くなく、鄧小平ほど政治家じゃないんです。結局、あとは小物なんです。小物だから目立ちたがり競争を始めるわけですよ。俺の時代にはこんなことをした、あんなことをした、と。江沢民の場合はお父さんが親日だったので、それを否定しなければいけなくて、朴槿恵《パククネ》とそっくりです。日本時代に日本のスパイだったという話もあるし、隠していますが実はいろいろなことがあるんですよ。
お父さんが親日だったことは結構有名で、よく知られた話です。だから、そのことを言われる前にとりあえず反日になる。朝鮮に対しては拡張主義で手下にしていく。
倉山 中国としては、韓国だろうが北朝鮮だろうが、自分に歯向かわなければどっちでもいいんですよね。

宮脇　どっちでも同じで、交替がきく人たちなんです。モンゴル人がものすごく象徴的なことを言っています。モンゴルは九〇年に韓国と国交樹立して、南北両方と国交を持つようになったんですが、北朝鮮はもともとモンゴル人民共和国の盟友で、すごく仲が良かったんです。

モスクワから見たら、モンゴルと北朝鮮はほとんど似たような従属国で、双子の兄弟と言われていた。自分たちに忠実なるアジアの共産主義国、北朝鮮とモンゴル人民共和国というふうに呼ばれて、どちらの国の留学生も軍人も、いつも全部一緒くたに同じ部屋で仲良くさせたんです。だから、モンゴルと北朝鮮はとても親密で、今でも人間的付き合いが続いているので、朝青龍が北朝鮮へ行ったり、モンゴル経由で北朝鮮のものを売ったり、北朝鮮の人間はまずモンゴルに逃げてくるとか、本当に人間関係が密で、行き来がたくさんあったんです。

それで、九〇年にモンゴル人が韓国と国交を樹立して何と言ったかというと、朝鮮をモンゴル語でソロンゴス（モンゴル語で「虹」という意味もある）と言うのですが、「北のソロンゴス貧乏だもんね。南のソロンゴス金持ちだからね」って、ソロンゴスがどっちでもいいんです。

本当にこういう感じでバッタンと乗り換えたのですが、モンゴル人からしたら同じ言葉を話す同じ人たちだから北でも南でも気にならない。もともとウランバートルで北朝鮮人が寿司屋とか日本料理店を経営していたのを、韓国人が大量にやってきてどっと入り込んで、今とてもモンゴルと関係が深いんですよ。何しろ、一年中、毎日飛行機が飛んでいるのはソウル―ウランバートル便だけだから、日本からウランバートルに行くのに一番手っ取り早いのは、北京ではなくソウル経由だというくらいです。

つまり、モンゴルから見れば同一民族、まして中国から見れば、どちらも自分の配下で両方適当につき合わせればいい相手なんです。それを歴史的に言えば、朝鮮半島は中国だというひとことになるわけですが。沖縄が中国だと言うのなら、もっと前から朝鮮は中国ですよ。

倉山　そうですね。先に朝鮮半島に言ってください、と。

中国としては在韓米軍を追い出して済州島に基地を置きたいんですよね。そうなったら、次は日本で同じことができると思っている。ただ、さすがに韓国も軍人だけはまともですから。というか、軍の一部だけはまともですからね。自衛隊の人が行ったら、歓待されます。韓国も台湾も日本のことは一目置いていて、自衛隊に関しても一目置いているのですが、なぜか韓国人が台湾人を差別するので、そのほうがよほど問題です。この話は先ほどもしましたが。

ちなみに、日本の立場で言うと、竹下は実は自分では北朝鮮をいじりません。金丸信《かねまるしん》とか野《の》中広務《なかひろむ》にやらせる。自分は中国と韓国を握るんです。今、中韓が反日だというのは竹下がやらせたようなものです。竹下が招き入れているんです。

たまに小泉純一郎さんとか梶山静六《かじやませいろく》さんとか、親米派の人が出てきても、すぐにその竹下の衣鉢を継ぐ人間が勝ってしまう。だから結局田中・竹下の軛《くびき》がいまだにひどくて、霞ヶ関なんて、この二人に完全に毒を回らされてしまいました。

宮脇　一度つかんだものは離さないのが中国人です。一度つかんだ権益から決して離れません。そして今度はそこから始める。向こうのほうが日本人よりも個人個人に政治力がありますから、一度取られたら取り返すのは至難の業です。

倉山　その竹下の正統後継者が石破茂《いしばしげる》だというのはぜひ書いておきましょう。だって、安倍さんに総裁選で負けたあと、一週間で三回竹下さんへの忠誠をインタビューで言っていますからね。何でこのタイミングで竹下さんへの忠誠を言うんだろうというぐらいに。

宮脇　地盤が隣り同士の島根と鳥取ですしね。ちなみに、中国には延辺《えんぺん》朝鮮族自治州がありますす。だから、自分の中に同族を飼っているようなもので、それを使うこともできます。もともとは北朝鮮との関係が深かったですが、今では韓国資本がそこへ直接入っていきますよね。それに、韓国籍の男性と国際結婚した妻の出身国で最も多いのは中国です。つまり、その延辺の朝鮮族と結婚するということです。

倉山　竹下がなぜそんなことができたかというと、クリントンと江沢民が仲が良かったからです。竹下の親中政策というのは、クリントン自身がジャパン・パッシングで江沢民のほうばかり見て、親中政策をとっているのでまったく問題になりませんでした。

そして結局竹下さんが死んだ跡目争いで小泉さんが勝って、その時、アメリカが強かったので北朝鮮拉致被害者を取り返すことができた。イラク戦争はまだ始まっていませんし。九・一一テロの時、日本はおかしなことをやらず、「ちゃんとついていきます」と言ってアフガンとインド洋でアメリカを応援しているので、そのおかげで取り返したようなものですね。それ以降広まったデマが「小泉はアメポチだ」です。誰が流したか、受益者が特定できるデマです。小泉がアメポチだったら、それ以前の田中角栄以降の総理大臣で中国の手下ではない政治家を挙げてください。

結局、日本も韓国も米中関係のおまけです。六〇年代、七〇年代と、朴正熙とか鄧小平のようにアメリカ・日本と上手くやっている時は上手く行っていましたが、ソ連という共通の敵がいなくなると、以後中国と北朝鮮が調子に乗り始めた。さあどうしようというのが今に至る話ですね。

最初に生き残りのために核武装した北朝鮮がいて、金を持って調子に乗った中国がいて、アメリカがその二つをさんざん甘やかしたツケをどうしましょうかというのが現代史です。

宮脇　ええ。そうすると、今の話で行くと、朝鮮もスルーでしたけど、最近の世界はやっぱり日本もスルーだという感じですよね。

倉山　それは一九四五年からずっとです。日本が世界史の舞台に一度も出てこない。本当に一九四五年以降はスルーされている。日本は場にすぎない。アメリカに貢いでいるのはまだいいんですが、中国に次いで最近は韓国まで調子に乗り始めていませんか。韓国にはまだそんなに上げていませんが。

宮脇 まったく、世界のATMですからね。どうするんでしょうか。そんなに奴隷のようにお金ばかり貢がされて。

倉山 ですから、九八年が政治的にはさっき言った意味で重要なのですが、経済的には日銀法を改悪して中国にお金を貢ぐ体制が完全に固定化され、そこに韓国が俺にも分け前をよこせと言い始めたわけです。

宮脇 そのネタに歴史認識を使っている。日本国民を納得させるためにガンガン使っていると、こういう図式ですね。

倉山 小泉さんが北朝鮮から九・一七の平壌宣言で拉致被害者を取り返したのに、なぜその後取り返せなかったのかというと、アメリカがイラク戦争で足を取られたのと盧武鉉のせいです。

ネトウヨと朴槿恵大統領

宮脇 最後になりましたが、朴槿恵さんの反日は、朝鮮半島としてはつねに危ういバランスの中にいるというか、バランスを取ることばかり考えているわけです。

倉山　朴槿恵さんは両親とも暗殺されているんですよね。日本の保守派はずっと朴槿恵大統領になってくれと言っていました。そういう歴史をネトウヨの皆さんはみんな知りませんが。

宮脇　かわいそうに。だから、まだ十代だったのにお母さんがいないから、ファーストレディの役を務めたんでしょう。単細胞でウサバラシしか考えないネトウヨも困ったものです。

倉山　それに比べ、黒田さんはジャーナリストですから、韓国について書いていることはバランスが取れていますよね。

宮脇　今もずっといるし、やっぱり長いウォッチャーですから。

倉山　ネトウヨ系の本は結局全部三面記事ですもんね。そういう国ではあるにしても。朴正煕をそこまで叩くべきかというと、私は違うと思います。百点満点とは言いませんけど。韓国史の中でこれより上を求められるのかということです。

宮脇　やっぱり長い目で見比べなきゃいけませんよね。世界全体のバランスがあるんですよ。

日本人は韓国を米中の間だけで考えていますが、前にも言いましたが、それよりも韓国人は北朝鮮絡みで中国との関係を結構神経質に考えていますよ。北か南か、どっちが勝ち残るかですから、あの人たちにとってはそのほうが第一義じゃないかと思います。日本よりも先にそっちなんですよ。

中国だって、北朝鮮よりは、満洲とか延辺朝鮮族自治州をどうするかというような問題が先に頭にあるんじゃないかと思います。反日競争というのは、自分たちの間の権力闘争なんです。教科書問題と同じです。日本人が目の前の反日だけに矮小化して、嫌韓だ呆韓だと叩くよりも、もっと世界政治を考えてほしいと思います。今の状況がどうしてこういうことになったかというのは、さまざまな背景があるのですから。

倉山　安倍さんの外交はしっかり、かなりよくやってますよね。中国・韓国以外全部と仲良くするって正しいと思います。

宮脇　すごく正しいと思いますよ。だって、向こうが嘘ばかりついているんですから、そんなことに足を取られてどうするの、ということです。日本人としてどうすればいいかと言うと、目の前のそんな細かいことに反応しないで、もっと国力をつけるとか、経済的に強くなるとか、歴史をきちんと見て本当のことを筋道立てて並べて理解することです。余計なことを言ったり余計なことをしたりしないというほうが正しいですよね。

倉山　問題は、増税するんだったら、こっちの出血を覚悟でソ連に挑んだサッチャーみたいに本気で相手を潰すつもりでやらないとだめですよね。

宮脇　相手というより、国内で足を引っ張る人、邪魔する人をどうするかです。

倉山　もちろん、それが一番の敵です。

宮脇　だから、いい人でいるとだめなんです。悪口を言われるぐらいの人間にならなきゃいけないけど、日本人は悪口に弱い。それから、悪口を言われたら悪いやつだと思うのがおかしい。悪口を言われるということは、それくらい脅威だということで、向こうには、悪口を言うぐらいしか手がないということでしょう。足を引っ張るようなスキがないから悪口を言うわけで、それは日本にとってすごくいいことです。悪口を言われるということは、日本のために正しい政策をとっているということだと思います。

それを日本のマスコミがちゃんと理解しないことが悪いし、日本のエリートだと思っている人もそれがわからないことが問題です。そういうふうに結論したいです。

倉山　本当にそうですね。今の目の前の現象だけで、反韓、嫌韓、呆韓を言うのをやめてくれ、です。それが一番困ります。それを言うことによって誰が得するかを考えないと。相対評価ができない人が多いんですよね。絶対評価って、だれでもできるので楽なんです。

宮脇　バランス感覚ですね。少し離れて、全体の位置をきちんと見る。何と言ったって、歴史がわからなければ現状を見誤ります。この本が、そういう意味で、読者の皆さんの視野を広げるお役に立つことを望んでいます。

おわりに　なぜ日本人は愚かになったのだろう？

倉山　満

国家は悪によっては亡ばない。常に愚かさによってのみ滅びる。

昨今の嫌韓・反韓ブームの勢いはすさまじい。かつてはインターネットの片隅でのみ語られてきた憎悪と呪詛の言葉が、今や地上波でも取り上げられるようになった。多くの日本人が韓国の反日に苛立ち、朴槿恵大統領を筆頭とする韓国人を叩いて溜飲を下げている。何かの鬱憤晴らしのように。実に甘ったるい光景である。

朴槿恵や韓国叩きで喜んでいる人たちの、なんと現実逃避的なことか。朴槿恵の反日的言動に沈黙する必要はない。言われなき誹謗中傷には一言でも必ず反論をしておくべきだ。これを怠っている我が外務省の無能怠惰を弁護する気はない。しかし、朴槿恵を叩けば彼女よりまともな政治家が韓国の中から出てくるとでも思っているのか。

朴槿恵以外の有力大統領候補はすべて「親北反日」であった。彼女だけが「親中反日」だった。二〇一二年韓国大統領選挙は、いわば「親中か、親北か」が争点だったのである。「反日」など韓国の国是と言うまでもない大前提なのである。そうした韓国相手に、他のいかなる反日国家を無視してでも執拗に叩くことで、誰が得をするのか。最も得をするのは北朝鮮である。

現在の韓国の教科書を一読すればわかるが、彼らが教える「反日」は「反政府」と同義語になりかねない危険さを含んでいる。歴史を題材に日本政府へのテロを使嗾《しそう》する。そのような教科書で学んだ子供たちが、韓国の体制に不満を抱けばどうなるか。

しかも、韓国の歴史的トラウマは深い。本来は建国の祖である李承晩を韓国人はどう評価しているか。反日を語れば語るほど、金日成を賛美せざるを得ない悲劇を知らずして、現代韓国を語れるのだろうか。そして、小中華思想と呼ばれる朝鮮民族特有の自尊意識の裏にある弱者の怨念と歴代支那王朝への秘めたる反逆意識を、日本人がどれほど理解していただろうか（決して同情しろとは言っていない）。

朴槿恵の「親中反日」を叩くのは構わない。これは繰り返し強調しておく。インターネットを漁れば叩かれてしかるべき事実は無限に検索できるし、今や地上波ですら苦々しく報道するようになった。絶対評価をすれば、朴槿恵の韓国に弁護の余地は無い。

だが、それらはすべて現時点での〝点〟である。人間は単なる動物ではなく歴史的な存在である。過去があるから現在があるのであり、そして未来へとつながっている。歴史を知らずして現在を語れるのであろうか。少し朝鮮半島の歴史を調べれば、朴槿恵は「史上最大の反日政治家」でも何でもないことがわかる。

たとえば、李承晩の反日はどうだったか。大院君や閔妃に代表される李朝の政治家はどうだったか。そもそも、明治初年の維新創業の時に、なぜ征韓論が台頭したのか。あるいは、親日政治家の代表とされる金玉均や李完用の実像はどうだったのか。そのような基本知識を身に着けないで、なぜ現代を語れるのか。

当たり前だが、線の理解は単なる点よりも深い。歴史を知るということである。また、一国の歴史はその国だけでは語れない。少なくとも周辺諸国との関係を抜きにして理解できるはずがない。また、世界の動きの中で位置づけねば何をしているのか、わかるはずがない。

本書は、大陸国家から見た視点と、日本列島から見た視点を比較することで、朝鮮半島の実像を浮き彫りにしようと試みた。しかし、対談収録一回目にして、日本も歴代支那政府も、お互いを見ているだけで、朝鮮半島のことなど視界に入れていないという事実に気づいた。一部の例外的な時期を除いて。

朝鮮半島はかくもみすぼらしく、悲劇の半島なのである。そして、「悲劇の半島」と揶揄あるいは同情することは、たやすい。だが、揶揄にしろ同情にしろ、日本国が地球上で生きていくのに、何の役にも立たない。「国際人になろう」と旧文部省がまったく中身を伴わない掛け声をあげてから数十年が経つが、真の「国際人」とは自国の立場を他国に認めさせられる人間の事である。日本人はそのために相手に気に入られようとする。しかし、外交上手で知られるイギリスやロシアを見よ。相手に嫌われてなおかつ、友人づきあいをしているではないか。自分を嫌う相手に自己の利益を認めさせる、時には友好関係を築けるからこそ、国際人なのである。

そして、本書を一読された賢明な読者の方は気づかれたであろう。

私、倉山満がどれほど激烈に現代日本を批判しているか。本書に限らず、末期清朝や李氏朝鮮に関しては、一切緩めることなく罵倒を繰り返してきた。これらすべて、末期清朝や李氏朝鮮と瓜二つの現代日本に対する警鐘である。

昭和初期に大日本帝国は、国際連盟脱退（一九三三年）、支那事変断行（一九三七年）、対米開戦（一九四一年）と、三度の致命的な失敗を繰り返した。そして滅んだ。なぜ、亡国を回避できなかったのであろうか。そしてその原因を、敗戦後日本は克服できたのであろうか。あの時、常に正論を唱え続けていた少なからずの賢明な日本人がいた。しかし、そのような声は理不尽且つ圧倒的な圧力の前に封殺された。

再び、韓国叩きで溜飲を下げていれば良いとする風潮にモノ申したい。そのような風潮は、愚かではないのか。はっきり言えば、朝鮮半島の事などどうでも良い。本書を通じて、李氏朝鮮と見まごうばかりの現代日本を猛省してほしいのである。

本書は尊敬する宮脇淳子先生の補佐役ということで始めさせていただいたが、共著と言う形で世に出すことができた。ここに至るまでには、速記と構成を担当していただいた山内智恵子さんの力に追うところが大きい。ビジネス社岩谷健一さんとともに謝意を表し、筆を置きたい。

【著者略歴】

宮脇淳子　（みやわき・じゅんこ）

1952年、和歌山県生まれ。京都大学文学部卒、大阪大学大学院博士課程修了。博士（学術）。専攻は東洋史。現在、東京外国語大学非常勤講師。著書に『真実の中国史［1840-1949］』『真実の満洲史［1894-1956］』（ビジネス社）、『モンゴルの歴史』（刀水書房）、『最後の遊牧帝国』（講談社）、『世界史のなかの満洲帝国と日本』（WAC）、『韓流時代劇と朝鮮史の真実』（扶桑社）など。

倉山　満　（くらやま・みつる）

1973年、香川県生まれ。憲政史研究者。1996年、中央大学文学部史学科を卒業後、同大学院博士前期課程を修了。在学中より国士舘大学日本政教研究所非常勤研究員を務め、同大学で日本国憲法を教え現在に至る。著書に『誰が殺した？ 日本国憲法！』（講談社）、『検証 財務省の近現代史』（光文社）、『嘘だらけの日米近現代史』『嘘だらけの日中近現代史』『嘘だらけの日韓近現代史』『帝国憲法の真実』（扶桑社）、『本当は怖ろしい日本国憲法』（共著、ビジネス社）など。

真実の朝鮮史［1868－2014］

2014年7月8日　第1刷発行

著　者　宮脇淳子　倉山　満
発行者　唐津　隆
発行所　株式会社ビジネス社
〒162－0805　東京都新宿区矢来町114番地
神楽坂高橋ビル5F
電話　03－5227－1602　FAX 03－5227－1603
URL　http://www.business-sha.co.jp/

〈カバーデザイン〉常松靖史（TUNE）　〈本文組版〉沖浦康彦
〈本文組版・印刷・製本〉モリモト印刷株式会社
〈編集担当〉岩谷健一　〈営業担当〉山口健志

ISBN978-4-8284-1762-2